Reihe Rechtswissenschaft

Band 205

Grenzüberschreitend begangene Straßenverkehrsübertretungen zwischen der Schweiz und Deutschland

Marco Bundi

Centaurus Verlag & Media UG 2006

Zum Autor: Marco Bundi, geboren 1978 im Kanton Graubünden in der Schweiz, studierte Rechtswissenschaften an der Universität Zürich und absolvierte anschließend ein Nachdiplomstudium zum LL.M. an der Universität Bern. Er ist derzeit am Special Court in Sierra Leone als Trial Attorney im Dienste der Anklagebehörde tätig.

Die Deutsche Bibliothek – CIP-Einheitsaufnahme

Bundi, Marco:
Grenzüberschreitend begangene Straßenverkehrsübertretungen
zwischen der Schweiz und Deutschland / Marco Bundi. –
Herbolzheim : Centaurus-Verl., 2006
  (Reihe Rechtswissenschaft ; Bd. 205)
  ISBN 978-3-8255-0620-9   ISBN 978-3-86226-412-4 (eBook)
  DOI 10.1007/978-3-86226-412-4

ISSN 0177-2805

Satz: Vorlage des Autors
Umschlaggestaltung: Antje Walter, Hinterzarten

Danksagung

Die vorliegende Arbeit wurde im Verlaufe des Nachdiplomstudiums an der „School of Criminology, International Criminal Law and Psychology Law" im Sommersemester 2005 von der Juristischen Fakultät der Universität Bern als LL.M. Abschlussarbeit im Gebiete des „International Criminal Law" von Prof. Dr. Günter Heine angenommen.

Den Anstoss zur Befassung mit dem Thema der international begangenen Strassenverkehrsverletzungen und den oftmals unklaren Folgen gab eine Teambesprechung am Lehrstuhl meines Betreuers, Herrn Prof. Dr. Günter Heine. Nach weiteren Besprechungen und ersten Nachforschungen haben wir uns entschlossen, die vorliegende Arbeit auf die in der Praxis wohl relevantesten Verkehrsübertretungen bzw. Ordnungswidrigkeiten im Strassenverkehr, insbesondere auf Geschwindigkeitsverstösse und Parkbussen, zu beschränken. Einige Ausführungen zu Straftaten werden zur Abgrenzung jedoch ebenfalls behandelt.

Die vorliegende, sehr praxisspezifische Arbeit konnte nur dank freundlicher Unterstützung der deutschen und schweizerischen Behörden (Polizeiämter, Untersuchungsämter, Bussgeldstellen und weiteren Ämtern) realisiert werden, weshalb den zuständigen Stellen an dieser Stelle noch einmal für die Beantwortung der rund 200 versendeten Emails und zahlreichen Telefonate herzlichst gedankt sei.

Herrn Prof. Dr. Günter Heine gilt mein ganz besonderer Dank. Er hat mich bei diesem Projekt in optimaler Weise unterstützt und ermuntert, an meiner Arbeit weiter zu feilen und sie schliesslich zu veröffentlichen. Herrn Prof. Dr. René Schaffhauser danke ich für seine weiteren wertvollen Hinweise und Eingaben.

Der Last des Korrekturlesens haben sich meine lieben Kollegen und Rechtsanwälte Marius Kobi und Oliver Bulaty angenommen. Meinem Bruder lic. oec. Andreas Bundi möchte ich für die Hilfestellungen im Bereiche des Formatierens danken. Die noch verbleibenden Tipp- und Formatierungsfehler gehen selbstverständlich zulasten des Autors. Bei allfälligen Ungenauigkeiten, die sich womöglich eingeschlichen haben, werden Korrekturvorschläge vom Verfasser gern entgegengenommen.

Den Herausgebern des Centaurus Verlages danke ich des Weiteren für die Aufnahme der Arbeit in ihre Strafrechts-Schriftenreihe. Hierbei geht mein ganz besonderer Dank an Frau *Britta Schulz* vom Centaurus Verlag, welche mir bei offenen Fragen immer zur Verfügung stand.

Schliesslich sei dieses Buch meinen *Eltern* und meiner Tante *Filomena Peterer-Bundi* gewidmet, welche mir allesamt die vorliegende Arbeit erst ermöglicht haben und mir bis heute stets zur Seite stehen.

Zürich, im Oktober 2005   *Marco Bundi*

A. Inhaltsverzeichnis

B. Abkürzungsverzeichnis

a.a.O.	am angegebenen Ort
a.M.	anderer Meinung
Abb.	Abbildung
Abs.	Absatz
AJP	Aktuelle Juristische Praxis, zitiert nach Heft, Jahr und Seite
ANAG	Schweizerisches Bundesgesetz vom 26. März 1931 über Aufenthalt und Niederlassung der Ausländer
Art.	Artikel
AS	Amtliche Sammlung des schweizerischen Bundesrechts
AT-StGB	Allgemeiner Teil des Schweizerischen Strafgesetzbuches
Aufl.	Auflage
BayObLG	Bayerisches Oberstes Landgericht
BBl	Bundesblatt, zitiert nach Jahrgang, Teil und Seitenzahl
Beschl.	Beschluss
betr.	betreffend
BGE	Entscheidungen des Schweizerischen Bundesgerichtes, Amtliche Sammlung (Lausanne)
BGer	Schweizerisches Bundesgericht
bGS	bereinigte (systematische) Gesetzessammlung
BKatV	Bussgeldkatalog-Verordnung Deutschlands
BverfG	Bundesverfassungsgericht der Bundesrepublik Deutschlands
bzw.	beziehungsweise
BR	Bündner Rechtsbuch
BSG	Bernische systematische Gesetzessammlung
BV	Bundesverfassung der Schweizerischen Eidgenossenschaft vom 18. April 1999
Ders.	derselbe
E.	Erwägung
ECHR	European Court of Human Rights
EJPD	Eidgenössisches Justiz- und Polizeidepartement der Schweiz
EMRK	Konvention zum Schutze der Menschenrechte und Grundfreiheiten
EuStVÜbk	Europäisches Übereinkommen über die Ahndung von Zuwiderhandlungen im Strassenverkehr
EU	Europäische Union
EuGH	Europäischer Gerichtshof

f(f)	und folgende Seite(n)
GG	Grundgesetz Deutschlands
Hrsg.	Herausgeber
i.e.S.	im engeren Sinne
i.V.m.	in Verbindung mit
i.w.S.	im weiteren Sinne
IRSG	Verordnung über die internationale Rechtshilfe in Strafsachen
IRSV	Rechtshilfeverordnung
lit.	litera
LS	Zürcher Loseblattsammlung
MOFIS	Verordnung über das automatisierte Fahrzeug- und Fahrzeughalter-register vom 3. September 2003
Mt........................	Monat
Mte......................	Monate
N.........................	Note
NJW....................	Neue Juristische Wochenschrift, zitiert nach Jahr, Heft und Seite
NZV	Neue Zeitschrift für Verkehrsrecht, zitiert nach Jahr und Seite
OBV	Ordnungsbussenverordnung
OLG....................	Oberlandesgericht
ÖStPO	Strafprozessordnung Österreichs von 1975 (BGBl. Nr. 631)
OVG....................	Oberverwaltungsgericht
OWiG	Ordnungswidrigkeitengesetz
RIPOL	automatisiertes Fahndungssystem
RSG	"Recueil systématique de la législation genevoise en vigueur"
S.	Seite
SDÜ....................	Schengener Durchführungsübereinkommen vom 14. Juni 1985
SJZ	Schweizerische Juristen-Zeitung, zitiert nach Band, Jahrgang und Seitenzahl
sGS	Systematische Gesetzessammlung des Kantons St. Gallen
SGS/VS	Systematische Gesetzessammlung des Kantons Wallis
SHR	Schaffhauser Rechtsbuch
SR	Systematische Sammlung des schweizerischen Bundesrechts, zitiert nach der Ordnungsnummer

StGB	Schweizerisches Strafgesetzbuch
StrV..................	Gesetz über das Strafverfahren
StVG	Strassenverkehrsgesetz Deutschlands
SSV	Signalisationsverordnung vom 5. September 1979 der Schweiz
SVG	Bundesgesetz über den Strassenverkehr der Schweiz
TBNR	Tatbestandsnummer
VRV	Verkehrsregelnverordnung vom 13. November 1962 der Schweiz
VStrR...............	Bundesgesetz vom 22. März 1974 über das Verwaltungsstrafrecht der Schweiz
VZR	Verkehrszentralregister in Flensburg
z.B.	zum Beispiel
Ziff.	Ziffer

C. Literaturverzeichnis

BADENHAUSEN-LANGE HEIKE / LUNZE STEFAN

„Die Beziehungen zwischen der EU und der Schweiz", in: Der aktuelle Begriff, Nr. 38/05 vom 21. Juni 2005 *(zit.: BADENHAUSEN-LANGE/LUNZE)*

BÄNZIGER FELIX / STOLZ AUGUST W. / KOBLER WALTER

Kommentar zur Strafprozessordnung des Kantons Appenzell A.Rh., 2., vollständig überarbeitete Auflage der von F. Bänziger und A. W. Stolz erläuterten Textausgabe, Druckerei Lutz AG, Speicher 1992 *(zit.: BÄNZIGER StPO Appenzell)*

BECKER KLAUS-PETER

Geschwindigkeitsüberschreitung im Strassenverkehr – Messmethoden, Fehlerquellen, Verwaltungs- und Gerichtsverfahren, 4. Auflage, Luchterhand, München 2004 *(zit.: BECKER)*

BOUJONG KARLHEINZ

Kommentar zu § 132 StPO, in: Karlsruher Kommentar zur Strafprozessordnung und zum Gerichtsverfassungsgesetz mit Einführungsgesetz, Hrsg. Prof. Dr. Gerd Pfeiffer, 5., neu bearbeitete Auflage, Verlag C.H. Beck, München 2003, S. 744-746 *(zit.: BOUJONG)*

EICKER ANDREAS

Transstaatliche Strafverfolgung; Ein Beitrag zur Europäisierung, Internationalisierung und Fortentwicklung des Grundsatzes ne bis in idem, Dissertation Nr. 2929, Centaurus Verlag, Dissertation der Universität St. Gallen 2004 *(zit.: EICKER)*

GÖHLER ERICH

Gestz über Ordnungswidrigkeiten, 13., neu bearbeitete Auflage, Beck'sche Kurzkommentare Band 18, Verlag C.H. Beck, München 2002 *(zit.: GÖHLER)*

HAUSER ROBERT

Der Zeugenbeweis im Strafprozess mit Berücksichtigung des Zivilprozesses, Zürcher Studien zum Verfahrensrecht, Band 5, Schulthess, Zürich 1974 *(zit.: HAUSER)*

HEINE GÜNTER

„Das kommende Unternehmensstrafrecht (Art 100^{quater} f.)", in: Schweizerische Zeitschrift für Strafrecht (ZStrR), Band 121, Stämpfli, Bern 2003, S. 24-45 *(zit.: HEINE ZStrR)*

DERS.

„Praktische Probleme des Unternehmensstrafrechts", in: Schweizerische Zeitschrift für Wirtschaftsrecht (SZW), Heft 1/2005, 77. Jahrgang, Schulthess, S. 17-24 (*zit.: HEINE SZW*)

DERS.

„Straftäter Unternehmen: das Spannungsfeld von StGB, Verwaltungsstrafrecht und Steuerstrafrecht in: Recht, Zeitschrift für juristische Ausbildung und Praxis, Band 1/05, 23. Jahrgang, Stämpfli, Bern 2005, S. 1-10 (*zit.: HEINE Recht*)

HENTSCHEL PETER

Strassenverkehrsrecht, 38. neu bearbeitete Auflage, Beck'sche Kurzkommentare Band 5, Verlag C.H. Beck, München 2005 (*zit.: HENTSCHEL Kommentar*)

DERS.

"Rechtsprobleme bei der Anordnung des Fahrverbots nach § 25 Abs. 1 Satz 1 StVG", in: Straf- und Strafverfahrensrecht, Recht und Verkehr, Recht und Medizin: Festschrift für Hannskarl Salger zum Abschied aus dem Amt als Vizepräsident des Bundesgerichtshofes, Hrsg. Albin Eser et al., Heymann, Köln 1995, S. 471-493 (*zit.: HENTSCHEL Fahrverbot*)

GIGER HANS

SVG - Strassenverkehrsgesetz: Mit Kommentaren sowie ergänzenden Gesetzen und Bestimmungen, 6., neu bearbeitete Auflage, Orell Füssli, Zürich 2002 (*zit.: GIGER*)

JANISZEWSKI HORST

Verkehrsstrafrecht, Studium und Praxis 5., neu bearbeitete Auflage, Beck, München 2003 (*zit.: JANISZEWSKI*)

JEANNERET YVAN

„Responsabilité pénale de l'entreprise", in: AJP: Aktuelle juristische Praxis, Heft 8/2004, Dike-Verlag, Lachen 2004, S. 917-926 (*zit.: JEANNERET*)

KINDHÄUSER URS

Strafgesetzbuch: Lehr- und Praxiskommentar, 2. Auflage, Nomos, Baden-Baden 2005 (*zit.: KINDHÄUSER StGB*)

LAGODNY OTTO

„Viele Strafgewalten und nur ein transnationales ne-bis-in-idem?" in: Strafrecht, Strafprozessrecht und Menschenrechte, Festschrift für Stefan Trechsel, Hrsg. Andreas Donatsch et al., Schulthess, Zürich 2002, S. 253 *(Zit. LAGODNY)*

MÜLLER-DIETZ HEINZ

„Zur Anrechnung ausländischen Freiheitsentzugs (§ 51 IV 2 StGB)", in: Straf- und Strafverfahrensrecht, Recht und Verkehr, Recht und Medizin: Festschrift für Hannskarl Salger zum Abschied aus dem Amt als Vizepräsident des Bundesgerichtshofes, Hrsg. Albin Eser et al., Heymann, Köln 1995, S. 105-113 *(zit.: MÜLLER-DIETZ)*

NEIDHART HERMANN

Bussgeld im Ausland, Deutscher Anwaltverlag, 2. Auflage, Deutscher Anwaltsverband, Bonn 2004 *(zit.: NEIDHART)*

PIOTET DENIS

„Le tiers protégé face à la confiscation pénale et la punissabilité de la personne morale", in: Wirtschaft und Strafrecht, Festschrift für Niklaus Schmid zum 65. Geburtstag, Hrsg. Jürg-Beat Ackermann, Andreas Donatsch und Jörg Rehberg, Schulthess, Zürich 2001, S. 209-221 *(zit.: PIOTET)*

POPP PETER

Grundzüge der internationalen Rechtshilfe in Strafsachen, Helbing & Lichtenhahn, Basel 2001 *(zit.: POPP)*

REHBERG JÖRG /
SCHMID NIKLAUS /
DONATSCH ANDREAS

Strafrecht I, Verbrechenslehre, 7. aktualisierte und teilweise vollständig überarbeitete Auflage, Schulthess, Zürich 2001 *(zit.: REHBERG ET AL. Strafrecht I)*

REHBERG JÖRG /
SCHMID NIKLAUS

Strafrecht III, Delikte gegen den Einzelnen, 8. ergänzte und verbesserte Auflage, Schulthess, Zürich 2003 *(zit.: REHBERG ET AL. Strafrecht III)*

ROGALL KLAUS

Kommentar zu § 5 und § 30 OWiG, in: Karlsruher Kommentar zum Gesetz über Ordnungswidrigkeiten, Hrsg. Prof. Karlheinz Boujong, 2., neubearbeitete Auflage, Verlag C.H. Beck, München 2000, S. 106-117 / 472-529 *(zit.: ROGALL)*

SCHAFFHAUSER RENÉ

„Auf dem Weg zu einer europäischen Vollstreckungsgemeinschaft beim Vollzug von Sanktionen und Massnahmen aufgrund von Strassenverkehrsdelikten", in: AJP: Aktuelle juristische Praxis, Heft 5/2000, Dike-Verlag, Lachen 2000, S. 531-539 *(zit.: SCHAFFHAUSER AJP)*

DERS.　　　　　　　　Die straf- und verwaltungsrechtliche Rechtsprechung des
　　　　　　　　　　　Bundesgerichts zum Strassenverkehrsrecht 1992 – 1999,
　　　　　　　　　　　Schriftenreihe des Instituts für Rechtswissenschaft und
　　　　　　　　　　　Rechtspraxis, Band 10, 2. Auflage, St. Gallen 2002
　　　　　　　　　　　(zit.: SCHAFFHAUSER *Rechtsprechung)*

DERS.　　　　　　　　„Strafen und Massnahmen bei Geschwindigkeitsüberschrei-
　　　　　　　　　　　tungen im Strassenverkehr in der Schweiz, in Deutschland,
　　　　　　　　　　　Österreich, Italien und Frankreich", in: Collezione Assista,
　　　　　　　　　　　Assista TCS, Genf 1998, S. 606-639 *(zit.:* SCHAFFHAUSER
　　　　　　　　　　　Assista)

SCHERRER THOMAS　　„Administrativrechtliche Folge von „Auslandtaten", in: Jahr-
　　　　　　　　　　　buch zum Strassenverkehrsrecht 2003, Hrsg. René Schaff-
　　　　　　　　　　　hauser, Schriftenreihe des Instituts für Rechtswissenschaft
　　　　　　　　　　　und Rechtspraxis, Band 22, St. Gallen 2003, S. 227-258
　　　　　　　　　　　(zit.: SCHERRER*)*

SCHMID NIKLAUS　　　Strafprozessrecht – Eine Einführung auf der Grundlage des
　　　　　　　　　　　Strafprozessrechtes des Kantons Zürich und des Bundes,
　　　　　　　　　　　4. ergänzte und verbesserte Auflage, Schulthess, Zürich
　　　　　　　　　　　2004 *(zit.:* SCHMID*)*

SCHULTZ HANS　　　　Die Strafbestimmungen des Bundesgesetzes über den Stras-
　　　　　　　　　　　senverkehr vom 19. Dezember 1958, Stämpfli, Bern 1964
　　　　　　　　　　　(zit.: SCHULTZ *SVG)*

DERS.　　　　　　　　Die strafrechtliche Rechtsprechung zum Strassenverkehrs-
　　　　　　　　　　　recht 1968-1972, Stämpfli, Bern 1974 *(zit.:* SCHULTZ *Recht-
　　　　　　　　　　　sprechung 68-72)*

DERS.　　　　　　　　Die strafrechtliche Rechtsprechung zum Strassenverkehrs-
　　　　　　　　　　　recht 1973-1977, Stämpfli, Bern 1979 *(zit.:* SCHULTZ
　　　　　　　　　　　Rechtsprechung 73-77)

SENGE LOTHAR　　　　Kommentar zu § 52-57 StPO, in: Karlsruher Kommentar zur
　　　　　　　　　　　Strafprozessordnung und zum Gerichtsverfassungsgesetz
　　　　　　　　　　　mit Einführungsgesetz, Hrsg. Prof. Dr. Gerd Pfeiffer, 5., neu
　　　　　　　　　　　bearbeitete Auflage, Verlag C.H. Beck, München 2003,
　　　　　　　　　　　S. 281-323 *(zit.:* SENGE*)*

SPELTHAHN INGRID H.   Das Zeugnisverweigerungsrecht von Angehörigen eines Mitbeschuldigten, Europäische Hochschulschriften, Reihe II, Rechtswissenschaft, Bd. 2252, Peter Lang GmbH, Bochum 1997 (zit.: SPELTHAHN)

TRECHSEL STEFAN   Schweizerisches Strafgesetzbuch vom 21. Dezember 1937: Kurzkommentar, 2. neubearbeitete Auflage, Schulthess, Zürich 1997 (zit.: TRECHSEL Kurzkommentar)

VEST HANS   Kommentar zu Art. 123 BV, in: Die schweizerische Bundesverfassung – Kommentar, Hrsg. Ehrenzeller Bernhard / Mastronardi Philippe / Schweizer Rainer J. / Vallender Klaus A, Schulthess, Zürich 2002, S. 1268-1275 (zit.: VEST)

D. Rechtsquellen

D1. Erlasse der Schweizerischen Eidgenossenschaft

ANAG	Bundesgesetz vom 26. März 1931 über Aufenthalt und Niederlassung der Ausländer (SR 142.20)
BV	Bundesverfassung der Schweizerischen Eidgenossenschaft vom 18. April 1999 (SR 101)
IRSG	Bundesgesetz vom 20. März 1981 über internationale Rechtshilfe in Strafsachen (SR 351.1)
IRSV	Verordnung vom 24. Februar 1982 über internationale Rechtshilfe in Strafsachen (SR 351.11)
OBG	Ordnungsbussengesetz vom 24. Juni 1970 (SR 741.03)
OBV	Ordnungsbussenverordnung vom 4. März 1996 (SR 741.031)
RIPOL	Verordnung vom 19. Juni 1995 über das automatisierte Fahndungssystem (SR 172.213.61)
StGB	Schweizerisches Strafgesetzbuch vom 21. Dezember 1937 (SR 311.0)
SVG	Strassenverkehrsgesetz vom 19. Dezember 1958 (SR 741.01)
SSV	Signalisationsverordnung vom 5. September 1979 (SR 741.21)
VRV	Verkehrsregelnverordnung vom 13. November 1962 (SR 741.11)
VStrR	Bundesgesetz vom 22. März 1974 über das Verwaltungsstrafrecht (SR. 313.0)

D2. Erlasse der Schweizerischen Kantone

Appenzell-Ausserhoden
StPO AR   Gesetz über die Strafprozessordnung vom 27. April 1986; Nr. 321

Basel-Stadt
StPO BS   Strafprozessordnung des Kantons Basel-Stadt vom 1. Oktober 2003; SG 257.100

Bern
StrV BE   Gesetz über das Strafverfahren vom 15. März 1995; BSG Nummer 321.1

Genf
LaLCR   Loi d'application de la législation fédérale sur la circulation routière vom 15. Februar 1989; RSG H 1 05

Graubünden
StPO GR   Gesetz über die Strafrechtspflege vom 8. Juni 1958; BR 350.000

GAV zum SVG   Ausführungsverordnung zum Bundesgesetz über den Strassenverkehr vom 19. Dezember 1958, erlassen am 27. September 1977

RVV zum SVG   Vollziehungsverordnung zur grossrätlichen Ausführungsverordnung zum Bundesgesetz über den Strassenverkehr; BR 870.110

St. Gallen
Übe SG   Übertretungsstrafgesetz vom 13. Dezember 1984; sGS 921.1

StPO SG   Strafprozessgesetz vom 1. Juli 1999; sGS 962.1

Waadt
StPO VD   Code de prccédure pénale du 12. september 1967; RSV 312.01

Zürich
GVVSB   Gesetz über die Verkehrsabgaben und den Vollzug des Strassenverkehrsrechts des Bundes (Verkehrsabgabengesetz) vom 11. September 1966; Ordnungsnummer 741.1

StPO ZH   Gesetz betreffend den Strafprozess (Strafprozessordnung) vom 4. Mai 1919; Ordnungsnummer 321

D3. Erlasse der Bundesrepublik Deutschland

BkatV   Verordnung über die Erteilung einer Verwarnung, Regelsätze für Geldbussen und die Anordnung eines Fahrverbots wegen Ordnungswidrigkeiten im Strassenverkehr (Bussgeldkatalog-Verordnung) vom 13. November 2001 (BGBl. I 3033)

GG   Grundgesetz für die Bundesrepublik Deutschland vom 23. Mai 1949
(BGBl. I 1)

FeV   Verordnung über die Zulassung von Personen zum Strassenverkehr,
(Fahrerlaubnis-Verordnung) vom 18. August 1998 (BGBl. I 2214)

OWiG   Gesetz über Ordnungswidrigkeiten vom 24. Mai 1968 (BGBl. I 2354)

StGB DE   Strafgesetzbuch in der Fassung vom 13. November 1998 (BGBl. I 3322)

StVG   Strassenverkehrsgesetz in der Fassung vom 5. März 2003 (BGBl. I 310,
berichtigt: BGBl. I 919)

StVO   Strassenverkehrs-Ordnung in der Fassung des Inkrafttretens vom
1. April 2004

StVZO   Strassenverkehrs-Zulassungs-Verordnung in der Fassung des Inkrafttretens vom 10. November 2004

StPO DE   Strafprozessordnung in der Fassung der Bekanntmachung vom 7. April
1987 (BGBl. I 1074)

D4. Internationale Verträge

Amsterdamer V.   Vertrag von Amsterdam vom 2. Oktober 1997 (BGBl. 1998 II S. 386)

EMRK   Konvention vom 4. November 1950 zum Schutze der Menschenrechte
und Grundfreiheiten (SR 0.101)

EuStVÜbk   Europäische Übereinkommen über die Ahndung von Zuwiderhandlungen im Strassenverkehr vom 30. Dezember 1964 (Amtsblatt
C 197 vom 12.7.2000)

Polizeivertrag

Vertrag vom 27. April 1999 zwischen der Schweizerischen Eidgenossenschaft und der Bundesrepublik Deutschland über die grenzüberschreitende polizeiliche und justitielle Zusammenarbeit (Schweizerisch-
deutscher Polizeivertrag; AS 2003 1026)

SDÜ

Übereinkommen zur Durchführung des Übereinkommens von Schengen
vom 14. Juni 1985 zwischen den Regierungen der Staaten der Benelux-
Wirtschaftsunion, der Bundesrepublik Deutschland und der Französischen Republik betreffend den schrittweisen Abbau der Kontrollen an
den gemeinsamen Grenzen vom 19. Juni 1990 (Schengener Durchführungsübereinkommens – SDÜ; BGBl. II 1993, Seite 1013 ff.)

E. Berücksichtigte Rechtsprechung

Die in der Arbeit verarbeiteten Entscheide wurden der Übersicht halber nach den entsprechenden Themenkreisen geordnet. Die jeweiligen Leitsätze sollen auf die behandelte Thematik hinweisen.

E1. Zu den Sanktionen des schweizerischen und deutschen Strassenverkehrsrechts

„Zur Vollstreckungsverjährung (Art. 74 StGB): Sie beginnt mit dem Tag, an dem das Bussenurteil, nicht der Umwandlungsentscheid, rechtlich vollstreckbar wird. (...) Da der auf Geldleistung gerichtete Strafanspruch des Staates aber mit der Ausfällung des Bussenurteils und dessen Nichtanfechtung rechtskräftig festgestellt wird und der Grund der Umwandlung nicht darin liegt, dass das Bussenurteil nicht rechtlich vollstreckbar wäre, sondern nur darin, dass es faktisch nicht durchsetzbar ist, weil sich der Verurteilte seiner Zahlungspflicht entzieht, steht der Beginn der Vollstreckungsverjährung fest."

„Die ordentliche fünfjährige Verjährungsfrist des Art. 11 Abs. 4 VStrR ist seither durch mehrere auf Vollstreckung gerichtete Handlungen (Betreibung, Pfändungsbegehren, Gesuch vom 13. August 1976 um Umwandlung der Busse in Haft) unterbrochen worden und hat mit jeder Unterbrechung neu zu laufen begonnen (Art. 75 Ziff. 2 Abs. 1 und 2 StGB). Ist somit die ordentliche Verjährungsfrist noch nicht abgelaufen, geschweige denn die absolute Verjährung eingetreten, hat die Vorinstanz das Umwandlungsgesuch zu Unrecht wegen Verjährung abgewiesen."

„Zur Unterbrechung der Vollstreckungsverjährung (Art. 75 Ziff. 2 StGB): Die Vollstreckungsverjährung einer Busse wird durch die Mahnung unterbrochen. (...) Wesentlich ist, dass die Vollstreckungshandlung nach aussen in Erscheinung tritt und keinen bloss internen Behördenvorgang darstellt. Dies ist bei einer Mahnung klarerweise der Fall. Es entspricht im übrigen auch der Übung, dass die Vollstreckungsbehörde in der Regel zuerst mahnt, bevor sie die Betreibung einleitet."

„Das Ordnungsbussenverfahren (Art. 2 lit. a OBG) ist nicht nur bei konkreter, sondern bereits bei erhöhter abstrakter Gefährdung von Personen ausgeschlossen. (...) Mit der bundesrechtlichen Einführung von Ordnungsbussen im Strassenverkehr wurde die Verfolgung von geringfügigen, aber häufigen Verstössen gegen Verkehrsvorschriften in einem vereinfachten Verfahren angestrebt, welches sich aus praktischen Gründen und unter dem Druck der Tatsachen als notwendig aufdrängte."

„Das Ordnungsbussenverfahren ist obligatorisch anzuwenden, nicht bloss fakultativ. Die Fälle, in denen eine dem Ordnungsbussenrecht unterstehende Übertretung ausnahmsweise im ordentlichen Verfahren zu ahnden ist, werden durch Gesetz und Verordnung abschliessend geregelt. (...) Das Ordnungsbussenrecht findet auch Anwendung, wenn die Übertretung dem Fehlbaren nicht an Ort und Stelle vorgehalten werden kann."

„Der im Ordnungsbussenrecht vorgesehene Grundsatz der Kostenfreiheit bezieht sich auf das Ordnungsbussenverfahren. Wird das ordentliche Verfahren durchgeführt, so beurteilt sich die Kostenauflage nach dem insoweit massgeblichen kantonalen Recht, und zwar auch dann, wenn dabei auf eine Ordnungsbusse erkannt wird. Der Grundsatz der Kostenfreiheit gilt im ordentlichen Verfahren nur dann, wenn es ohne sachlichen Grund eingeleitet worden ist."

abgedruckt in NJW 2000, Heft 12, S. 888-889
Überschreitet ein Arzt die zulässige Höchstgeschwindigkeit innerorts auf einer gut ausgebauten Strasse um 36 km/h, um möglichst rasch einen nach einer Bandscheibenoperation unter akuten Rückenschmerzen und Kreislaufstörungen leidenden Patienten zu empfangen, liegt keine Notstandshandlung vor, es kann jedoch auf die Anordnung eines Fahrverbots verzichtet werden, da keine grobe Verletzung der Pflicht vorliegt.

Publiziert in NJW 2000, Heft 9, S. 685-686
§ 3 Abs. 1 und § 4 StVG; § 46 I FeV, Fahrerlaubnisentziehung wegen Geschwindigkeitsüberschreitung; Auch eine einmalige erhebliche Höchstgeschwindigkeitsüberschreitung in einer geschlossenen Ortschaft rechtfertigt im Regelfall für sich genommen weder die Entziehung der (allgemeinen) Fahrerlaubnis noch werden hierdurch so massive Zweifel an der (charakterlichen) Eignung zum Führen von Kraftfahrzeugen begründet.

Publiziert in NJW 1998, Heft 33, S. 2462
§ 25 I 1 StVG - Fahrverbot wegen beharrlicher Pflichtverletzung; Die Annahme einer beharrlichen Pflichtverletzung gemäss § 25 I 1 StVG setzt zwar nicht eine

rechtskräftige Vorahndung voraus, der Betroffene muss sich jedoch über einen Warnappell hinweggesetzt haben; daran fehlt es, wenn er von der Sanktion für ein früheres verkehrswidriges Verhalten noch keine Kenntnis erlangt hat.

„Überschreiten der allgemeinen Höchstgeschwindigkeit innerorts, schwere Verkehrsgefährdung (Art. 32 Abs. 1, Art. 16 Abs. 3 lit. a und Art. 90 Ziff. 2 SVG): Wird die Höchstgeschwindigkeit von 50 km/h innerorts um 25 km/h oder mehr überschritten, ist ungeachtet der konkreten Umstände objektiv eine schwere Verkehrsgefährdung bzw. grobe Verkehrsregelverletzung gegeben."

„Grobe Verkehrsregelverletzung (Art. 90 Ziff. 2 und Art. 32 Abs. 1 SVG): Überschreiten der Höchstgeschwindigkeit auf einer nicht richtungsgetrennten Autostrasse. Wer auf einer nicht richtungsgetrennten Autostrasse die zulässige Höchstgeschwindigkeit von 100 km/h um 30 km/h oder mehr überschreitet, begeht ungeachtet der konkreten Umstände objektiv eine grobe Verkehrsregelverletzung."

„Überschreiten der allgemeinen Höchstgeschwindigkeit ausserorts, grobe Verkehrsregelverletzung (Art. 90 Ziff. 2 und 32 Abs. 1 SVG): Eine übersetzte Geschwindigkeit stellt auch ausserorts eine erhebliche Gefahr dar. Zu einer Milderung der Rechtsprechung, wonach bei Überschreiten der zulässigen Höchstgeschwindigkeit um deutlich mehr als 30 km/h ungeachtet der konkreten Umstände eine grobe Verkehrsregelverletzung anzunehmen ist, besteht kein Anlass."

„Die einfache Verkehrsregelverletzung nach Art. 90 Ziff. 1 SVG wird mit Haft oder Busse bestraft. Demgegenüber wird, wer durch grobe Verletzung der Verkehrsregeln eine ernstliche Gefahr für die Sicherheit anderer hervorruft oder in Kauf nimmt, nach Art. 90 Ziff. 2 SVG mit Gefängnis oder mit Busse bestraft. Die grobe Verkehrsregelverletzung ist also ein Vergehen und führt auch zu einem Führerausweisentzug (BGE 120 Ib 285). Art. 90 Ziff. 2 SVG ist objektiv erfüllt, wenn der Täter eine wichtige Verkehrsvorschrift in objektiv schwerer Weise missachtet und die Verkehrssicherheit abstrakt oder konkret gefährdet. Subjektiv erfordert der Tatbestand, dass dem Täter aufgrund eines rücksichtslosen oder sonst wie schwerwiegend regelwidrigen Verhaltens zumindest eine grobe Fahrlässigkeit vorzuwerfen ist."

Bei einem Vermögen von mehr als 47 Millionen Franken ist die straferhöhende Berücksichtigung des Vermögens zwingend. Nur so kann der Beschwerdeführer von

der Busse ähnlich hart getroffen werden wie andere, finanziell weniger leistungs-
fähige Täter.

E2. Zum internationalen Recht

„Der räumliche Geltungsbereich des Schweizerischen Strafgesetzbuches und die
schweizerische Gerichtsbarkeit werden durch Art. 3-7 sowie 346 ff. StGB umschrieben. Danach ist die schweizerische Strafhoheit in erster Linie dann gegeben,
wenn der Beschuldigte die Tat in der Schweiz verübt hat. In der Schweiz wird ein
Delikt 'verübt', wenn es der Täter hier ausführt oder wenn der Erfolg in der
Schweiz eintritt bzw. (beim Versuch) nach der Absicht des Täters hätte eintreten
sollen (Art. 3 Ziff. 1 Abs. 1 und Art. 7 StGB; siehe ferner Art. 346 Abs. 1 StGB)."

„Die weitern Vorschriften, welche das Territorialitätsprinzip ergänzen (Art. 4-6
StGB), können zu Kollisionen mit der Strafhoheit des ausländischen Staates führen, in welchem sich der Begehungsort befindet. Art. 5 und 6 StGB haben deutlich
subsidiäre Funktion; sie kommen nur zum Zuge, wenn die primär zuständigen
Behörden des Begehungsortes die Auslandtat nicht bereits abschliessend beurteilt
haben bzw. die im Ausland ausgefällte Strafe dort noch nicht voll verbüsst ist und
der Täter sich in der Schweiz befindet. Dass der Täter sich in der Schweiz
befinden muss, stellt gemäss Art. 5 und 6 StGB unzweifelhaft eine Voraussetzung
der schweizerischen Gerichtsbarkeit dar."

„Art. 3 Ziff. 1 Abs. 2 StGB; Anrechnung einer im Ausland verbüssten Strafe: Die
Auflage gemäss § 56 b Abs. 2 Ziff. 2 des deutschen StGB (Zahlung eines Geldbetrages zugunsten einer gemeinnützigen Einrichtung oder der Staatskasse) weist
einen derart strafähnlichen Charakter auf, dass sie bei der Anwendung des Art. 3
Ziff. 1 Abs. 2 StGB wie eine Geldstrafe zu behandeln ist."

„Art. 5 und 6 StGB: Unzulässigkeit von Kontumazialurteilen, wenn der Täter vor
Eröffnung des gerichtlichen Verfahrens die Schweiz verlassen hat."

Art. 6 StGB ist nicht bloss anwendbar, wenn der Staat des Begehungsortes die
Schweiz ersucht, den Täter zu verfolgen und zu beurteilen. Der Wortlaut dieser
Bestimmung macht die Verfolgung und Bestrafung in der Schweiz nicht von einem
Ansuchen des fremden Staates (Übernahmebegehren) abhängig.

E3. Zu den besonderen Verfahrensregeln

halter gemäss § 15 Abs. 1 des genannten zürcherischen Gesetzes auferlegte Pflicht, der Polizei Auskunft zu geben, wer das Fahrzeug geführt oder wem er es überlassen hat, ist ausschliesslich strafprozessualer Natur und stellt keine der Rechtssetzungskompetenz der Kantone entzogene Vorschrift des Strassenverkehrsrechts des Bundes dar."

Art. 74 Abs. 1 Ziff. 1 StPO AR befreit bestimmte Verwandte des Beschuldigten von der Zeugenpflicht, Abs. 4 schliesst dieses Recht, die Aussage zu verweigern aus, wenn es ausschliesslich um Übertretungen geht.

„Das Amtsgericht hat die verhängte Geldbusse, wie sich aus der Liste der angewendeten Vorschriften ergibt, gemäss § 30 OWiG gegen die Betroffene als juristische Person festgesetzt. Auch insoweit ist der angefochtene Beschluss nicht rechtsfehlerfrei. Zwar muss bei der Festsetzung einer Geldbusse nach § 30 OWiG die Identität des Täters nicht feststehen, es muss aber festgestellt werden, dass ein Organ vorwerfbar gehandelt hat."

„Zwar kann als Nebenfolge einer Ordnungswidrigkeit des vertretungsberechtigten Organs einer juristischen Person gegen diese gemäss § 30 OWiG eine Geldbusse festgesetzt werden. Dies setzt indes voraus, dass durch die Ordnungswidrigkeit des vertretungsberechtigten Organs Pflichten, welche die juristische Person treffen, verletzt worden sind (§ 30 Abs. 1 Nr. 1 OWiG) oder die juristische Person bereichert ist oder werden sollte (§ 30 Abs. 1 Nr. 2 OWiG). Die Festsetzung einer Geldbusse gegen die juristische Person ist danach von der Feststellung einer von ihrem vertretungsberechtigten Organ begangenen Ordnungswidrigkeit in diesem Sinne abhängig."

in VRS Bd. 78/90, S. 468–470 Fall Nr. 180
Ein Betriebsinhaber macht sich unter anderem dann haftbar, wenn er durch Unterlassen von Aufsichtsmassnahmen Verkehrsordnungswidrigkeiten nicht verhindert. Zum wiederholten Male wurde vorliegend festgestellt, dass ein Fahrzeug seiner Firma überladen am Strassenverkehr teilgenommen habe.

"(...) it would be contrary to the object and purpose of Article 6 (art. 6), which guarantees to "everyone charged with a criminal offence" the right to a court and to a fair trial, if the State were allowed to remove from the scope of this Article (art. 6) a whole category of offences merely on the ground of regarding them as petty. Nor does the Federal Republic deprive the presumed perpetrators of Ordnungswidrigkeiten of this right since it grants them the faculty - of which the applicant availed himself - of appealing to a court against the administrative decision."

„Nach der Rechtsprechung des Europäischen Gerichtshofs für Menschenrechte widerspricht das [dem freigesprochenen Angeklagten Kosten, die er für vorwerfbares Verhalten verursacht hat, aufzuerlegen] der Unschuldsvermutung gemäss Art. 6 Ziff. 2 EMRK nicht, es sei denn, die Begründung des Kostenentscheids erwecke den Eindruck, das Gericht halte den nicht verurteilten Beschuldigten gleichwohl für strafrechtlich schuldig, ohne dass seine Schuld zuvor in einem gesetzlich vorgeschriebenen Verfahren nachgewiesen worden sei."

„Ein prozessuales Verschulden im engeren Sinne ist zum Beispiel dann anzunehmen, wenn der Angeschuldigte die Untersuchung durch wahrheitswidrige Angaben auf eine falsche Fährte führt oder das Verfahren erschwert und verlängert, indem er nicht zu Verhandlungen erscheint. Soweit durch ein solches, gegen prozessuale Verhaltensnormen klar verstossendes Benehmen Kosten entstehen, können sie dem Beschuldigten auferlegt werden. Dabei ist festzuhalten, dass das blosse Wahrnehmen verfahrensmässiger Rechte, etwa des Schweigerechtes des Angeschuldigten, für eine Kostenauflage nicht genügt. Vielmehr muss der Angeschuldigte in einem solchen Fall ein hinterhältiges, gemeines oder krass wahrheitswidriges Benehmen an den Tag gelegt haben, damit ihm wegen Erschwerung oder Verlängerung des Verfahrens Kosten überbunden werden können."

„Presumptions of fact or of law operate in every legal system. Clearly, the Convention does not prohibit such presumptions in principle. It does, however, require the Contracting States to remain within certain limits in this respect as regards criminal law."

„However, a person's right in a criminal case to be presumed innocent and to require the prosecution to bear the onus of proving the allegations against him or her is not absolute, since presumptions of fact or of law operate in every criminal-law system and are not prohibited in principle by the Convention, as long as States remain within reasonable limits, taking into account the importance of what is at stake and maintaining the rights of the defence."

1. Einleitung und Fragestellung

Die zunehmende internationale Mobilität im Strassenverkehr führt zwangs-
läufig dazu, dass sich die internationalen Strassenverkehrsdelikte häufen.
Die strafrechtliche Bedeutung der Strassenverkehrsdelikte ist somit nicht zu
unterschätzen. So verwundert es denn auch nicht weiter, dass die meist
begangenen Straftaten in der Schweiz an absolut erster Stelle nach wie vor
die Verletzung von Verkehrsregeln nach Art. 90 SVG (30'924 Verurteilungen im Jahre 2003) bilden, gefolgt von Fahrten in angetrunkenem Zustand
(17'478 Verurteilungen im Jahre 2003)[1]. In Deutschland verzeichnete das
Kraftfahrt-Bundesamt in Flensburg insgesamt 3'172'000 zugegangene
Deliktsmitteilungen, welche Ordnungswidrigkeiten im Strassenverkehr be-
trafen. Straftaten im Strassenverkehr spielten demgegenüber mit 410'000
Meldungen eine weitaus geringere Rolle. An absolut erster Stelle der Ordnungswidrigkeiten lagen Geschwindigkeitsanzeigen, welche im genannten
Zeitraum allein 2'158'000 Mitteilungen ausmachten, gefolgt von Vorfahrts-
bzw. Verkehrsregelungsanzeigen mit 374'000 Mitteilungen[2].

Während die Folgen von Verkehrsverletzungen im eigenen Land meist klar
sind, sind die Folgen bzw. Konsequenzen von Verstössen im benachbarten
Ausland vielfach unklar. Vorliegend wird das Verhältnis der Schweiz und
Deutschlands näher betrachtet. Nicht nur die Tatsache, dass sich die rechtlichen Normen Deutschlands nicht zwingend mit den schweizerischen
Gesetzestexten decken, sondern auch die Frage, ob und inwieweit im
Ausland begangene Strassenverkehrsübertretungen in der Schweiz bzw.
umgekehrt verfolgt und, wohl noch wesentlicher, vollstreckt werden können,
dürfte für jeden Automobilisten von grosser Bedeutung sein.

Diese Arbeit verfolgt das primäre Ziel, einen Überblick über die aktuelle
Rechtsprechung von Verkehrsübertretungen bzw. Ordnungswidrigkeiten im
Strassenverkehr in der Schweiz und Deutschland, begangen von Ausländern, und die damit verbundenen Probleme bei der Vollstreckung wiederzu-
geben.

---

[1] Vgl. hiezu die Strafurteilsstatistik des Bundesamtes für Statistik für das Jahr 2003 vom
12. August 2004, abrufbar unter http://www.bfs.admin.ch.
[2] Die gesamte Statistik ist abrufbar auf der offiziellen Site des Kraftfahrt-Bundesamtes in
Flensburg, http://www.kba.de/.

Um eine komplette Übersicht über die erwähnte Problematik geben zu können, werden vorab die beiden Systeme bei Strassenverkehrsübertretungen bzw. Ordnungswidrigkeiten aufgezeigt. Neben den Verfahren werden auch Besonderheiten der beiden Rechtssysteme im relevanten Bereich sowie eine Übersicht über die unterschiedlichen Sanktionen bei Strassenverkehrsverletzungen, mit besonderer Berücksichtigung der Geschwindigkeitsübertretungen und des widerrechtlichen Parkierens, wiedergegeben. Hier werden die sehr unterschiedlichen Behandlungen von an sich gleichen Verstössen gegen die Strassenverkehrsordnung sehr schnell deutlich.

In einem zweiten Teil werden die Grundsätze des internationalen Rechts und die wichtigsten Bestimmungen erläutert. Unter demselben Kapitel soll schwergewichtig der sog. Polizeivertrag zwischen der Schweiz und Deutschland vom 27. April 1999 und dessen rechtliche Bedeutung erörtert werden. Auch die Konsequenzen des vom Schweizer Volk angenommenen „Schengen-Dublin"-Paketes werden hier aufgrund seiner praktischen Relevanz berücksichtigt.

In einem dritten Teil werden die konkreten Vorgehensweisen bei ausländischen Verkehrssündern der beiden Länder aufgezeigt. Da die Behörden je nach Region unterschiedlich auf begangene Verkehrsübertretungen reagieren, wurden einige relevante Ortschaften herausgenommen und entsprechend abgehandelt. Daher erhebt diese Übersicht keinen Anspruch auf Vollständigkeit. In diesem Kontext sollen einige rechtliche Probleme in Bezug auf die nicht unumstrittene Halterhaftung erläutert werden. Die praktische Relevanz der Frage, ob der Halter, der vielfach nicht mit dem Lenker identisch ist, für dessen Handeln haftet oder nicht, darf in dieser Hinsicht nicht vergessen werden.

In einem letzten Teil sollen die Probleme noch einmal kurz zusammengefasst und zur jetzigen Situation kritisch Stellung genommen werden. Um die Übersicht über die vielen Gesetze und Erlasse nicht zu verlieren, wurden diese in den Anhang integriert. Diese sollen das Lesen und Nachschlagen der relevanten Gesetze vereinfachen.

Es wurde vorliegend versucht, insbesondere auch aufgrund der aktuellen Abstimmungen in der Schweiz, die Rechtsprechung bzw. relevanten Erlasse bis zum Oktober 2005 zu erfassen.

2. Die Sanktionen des schweizerischen und deutschen Strassenverkehrsrechts

2.1. Vorbemerkungen

Im Folgenden werden vorab die beiden Sanktionssysteme der Schweiz und Deutschlands hinsichtlich Übertretungen bzw. Ordnungswidrigkeiten kurz skizziert. Die vorliegenden Ausführungen beschränken sich jedoch auf die wichtigsten Einzelheiten der beiden Systeme, weshalb für weitergehende Details auf die entsprechenden Praxiskommentare[3] verwiesen sei.

2.2. Sanktionen des schweizerischen Strassenverkehrsrechts bei Übertretungen

Mit der bundesrechtlichen Einführung des Ordnungsbussengesetzes (OBG) und der dazugehörigen Verordnung (OBV) wurde die Verfolgung von „geringfügigen, aber häufigen Verstössen gegen Verkehrsvorschriften in einem vereinfachten Verfahren angestrebt, welches sich aus praktischen Gründen und unter dem Druck der Tatsachen als notwendig aufdrängte. Wo das zu ahndende Unrecht minim ist, die Schuld nach Art und Intensität wenig Unterschiede aufweist, die Busse im untersten Bereich liegen muss, so dass für irgendwelche Abstufungen nur wenig Raum bleibt, ist auch der Richter gezwungen, auf die Berücksichtigung der persönlichen Verhältnisse und der Vorstrafen des Täters zu verzichten[4], die Busse nach äusseren Tatmerkmalen routinemässig zu bemessen. Nachdem sich dessen Entscheidung in solchen Fällen praktisch auf einen mechanischen Vorgang reduziert, wurde mit dem Bundesgesetz über die Ordnungsbussen die Konsequenz aus dieser Entwicklung gezogen und die Entscheidung bei Einverständnis des Täters der Polizei übertragen"[5].

Demnach können Übertretungen der Strassenverkehrsvorschriften des Bundes nach Art. 1 Abs. 1 OBG in einem vereinfachten Verfahren mit Ordnungsbussen geahndet werden (Ordnungsbussenverfahren). Die Höchstgrenze der Ordnungsbussen beträgt nach Art. 1 Abs. 2 OBG 300 Franken.

---

[3] Für Deutschland vgl. HENTSCHEL Kommentar; für die Schweiz: GIGER.
[4] Vgl. Art. 1 Abs. 3 OBG, wonach Vorleben und persönliche Verhältnisse des Täters nicht berücksichtigt werden.
[5] In diesem Sinne BGE 114 IV 63 E. 3.

Hat der Täter durch seine Widerhandlungen im Strassenverkehr mehrere Ordnungsbussentatbestände erfüllt, werden diese zusammengezählt. Das Ordnungsbussenverfahren ist nach Art. 3a OBG nur soweit möglich, als die Summe mehrerer Bussenbeträge das Doppelte der Höchstgrenze von 300 Franken nicht übersteigt[6].

Art. 2 lit. a-d OBG nennt die Ausnahmen, in denen Ordnungsbussenverfahren ausgeschlossen sind, so z.b. bei Verletzungen und Gefährdungen von Personen[7] oder Sachschäden, bei Widerhandlungen, die nicht von einem ermächtigten Polizeiorgan selber beobachtet wurden, ausser bei Geschwindigkeitskontrollen und Feststellungen von Übertretungen durch automatische Überwachungsanlagen nach Weisung des UVEK[8], bei Widerhandlungen von Kindern und bei zusätzlich begangenen Widerhandlungen, die nicht in der Bussenliste aufgeführt sind. Sind die Voraussetzungen für das Ordnungsbussenverfahren gegeben, muss dieses jedoch entgegen dem „kann"-Wortlaut der Gesetzesbestimmung zwingend eingeleitet werden[9].

Das Ordnungsbussenverfahren ist als vereinfachtes und beschleunigtes Verfahren nach Art. 7 OBG kostenlos[10]. Eine auferlegte Busse kann nach Art. 6 OBG entweder sofort oder innerhalb von 30 Tagen bezahlt werden. Wird die Busse innerhalb der Frist bezahlt, ist sie nach Art. 8 OBG rechtskräftig.

Die Polizeiorgane sind verpflichtet, dem Täter mitzuteilen, dass er das Ordnungsbussenverfahren ablehnen kann. Lehnt er es ab, gelangt nach Art. 10 OBG das ordentliche Verfahren zur Anwendung. Bezahlt ein Täter, der in der Schweiz keinen Wohnsitz hat, die Busse nicht sofort, so hat er gemäss Art. 9 OBG den Betrag zu hinterlegen oder eine andere angemessene Sicherheit zu leisten. Mitunter werden von der Polizei gar Skier beschlag-

---

[6] Übersteigen sie diese Höchstgrenze, werden alle Übertretungen im ordentlichen Verfahren beurteilt. Ausnahmen vom Zusammenzählen der Ordnungsbussentatbestände finden sich in Art. 2 OBV.

[7] Gemäss BGE 114 IV 63 ist das Ordnungsbussenverfahren bereits bei einer erhöhten abstrakten Gefahr für Personen ausgeschlossen.

[8] Entsprechende Weisungen, welche zuvor vom EJPD erlassen wurden, gibt es bereits seit 11. Dezember 1973, vgl. hiezu ausführlich BGE 105 IV 136 E. 4b.

[9] Art. 1 Abs. 1 OBG ist diesbezüglich missverständlich formuliert, da von „können" die Rede ist, vgl. BGE 105 IV 136 E. 2.

[10] Dies gilt nach BGE 121 IV 375 E. 1c allerdings dann nicht, wenn die Polizeiorgane aus sachlich vertretbaren Gründen davon ausgehen, dass das Ordnungsbussenverfahren nicht zur Anwendung gelange und deshalb das ordentliche Verfahren einleiten.

nahmt[11]. Wie in der Praxis in solchen Fällen genau verfahren wird, wird nachfolgend unter Ziff. 4.2. und 4.3. genauer zu erläutern sein.

Verstösse, welche nicht in der Bussenliste zu finden sind, werden von der Polizei zur Anzeige gebracht und dem zuständigen Untersuchungsrichteramt zur Behandlung überwiesen[12]. Je nach Tatbestand wird das Verfahren mittels Strafbefehl direkt beim Untersuchungsrichter[13] als Sachrichter abgeschlossen[14] oder per Anklage vor das zuständige Gericht gebracht.

Die Verjährung von Übertretungen ist in Art. 109 StGB geregelt. Die Strafverfolgung von Übertretungen verjährt in drei Jahren, die Strafe einer solchen in zwei Jahren. Der Beginn der Vollstreckungsverjährung beginnt nach Art. 74 StGB an dem Tag, an dem das Urteil rechtlich vollstreckbar wird[15]. Als Unterbrechungshandlungen gelten bei Geldstrafen alle zur Eintreibung der Busse vorgenommenen Akte, so insbesondere die Betreibung, das Pfändungsbegehren und das Gesuch um Umwandlung in Haft[16]. Es genügt, dass die Vollstreckungshandlung nach aussen in Erscheinung tritt und keinen bloss internen Behördenvorgang darstellt[17].

2.3. Sanktionen des deutschen Strassenverkehrsrechts bei Ordnungswidrigkeiten

Ganz allgemein lassen sich in Deutschland bei Widerhandlungen im Strassenverkehr das Verwarnungsverfahren, das Bussgeldverfahren und das Strafverfahren unterscheiden. Das Pendant zu den schweizerischen Übertretungen stellen die sog. Ordnungswidrigkeiten gemäss Ordnungswidrigkeitengesetz (OWiG)[18] dar. Die Unterscheidung zwischen Straftat und

---

[11] Vgl. SCHAFFHAUSER AJP, S. 531.
[12] Eine Ordnungsbusse kann sodann nach Art. 11 Abs. 1 OBG auch im ordentlichen Strafverfahren ausgesprochen werden. Diese Bestimmung überlässt es nicht dem Ermessen der Polizeiorgane, von der Durchführung des Ordnungsbussenverfahrens einfach abzusehen und durch Verzeigung die Bestrafung des Täters im ordentlichen Verfahren zu veranlassen. Sind die Voraussetzungen gegeben, muss zwingend ein Ordnungsbussenverfahren eingeleitet werden, vgl. BGE 105 IV 136.
[13] Die Terminologie „Untersuchungsrichter" ist allerdings je nach Kanton unterschiedlich.
[14] Die Kompetenzen zum Erlass von Strafbefehlen der Staatsanwälte bzw. Untersuchungsrichter variieren von Kanton zu Kanton.
[15] Vgl. auch BGE 105 IV 14 E. 2.
[16] Trechsel, N 3 zu Art. 75 mit Hinweisen auf BGE 104 IV 269.
[17] BGE 124 IV 208 E. 7a.
[18] Während in Deutschland das Strafrecht elementare Werte der Gemeinschaftsordnung schützt, hat das Ordnungswidrigkeitenrecht Fälle mit minder schwerem Unrechtsgehalt zum Inhalt.

Ordnungswidrigkeit ergibt sich in Deutschland allein aus der Rechtsfolge: Droht der Gesetzgeber als Sanktion für bestimmte Verhaltensweisen eine Strafe an, liegt eine Straftat vor, ist eine Geldbusse[19] vorgesehen, handelt es sich um eine Ordnungswidrigkeit. Das Gesetz über Ordnungswidrigkeiten definiert denn auch in § 1 OWiG eine Ordnungswidrigkeit als „eine rechtswidrige und vorwerfbare Handlung, die den Tatbestand eines Gesetzes verwirklicht, das die Ahndung mit einer Geldbusse zulässt". Die Handlung muss nach Abs. 2 allerdings nicht vorwerfbar begangen worden sein, vielmehr genügt, dass sie rechtswidrig war[20]. Damit sollen nach dem Willen des Gesetzgebers gleichsam Strassenverkehrsdelikte „entkriminalisiert"[21] werden[22]. Nach § 24 des deutschen Strassenverkehrsgesetzes (StVG) sind Verstösse gegen die Strassenverkehrs-Ordnung (StVO) und die Strassenverkehrs-Zulassungs-Verordnung (StVZO) Ordnungswidrigkeiten[23].

Das Gesetz sieht bei Straftaten nicht nur ein anderes Verfahren, sondern auch andere Strafsanktionen vor. Nach § 24 Abs. 1 StVG handelt im Strassenverkehr ordnungswidrig, wer vorsätzlich oder fahrlässig einer Vorschrift einer auf Grund des § 6 Abs. 1 StVG erlassenen Rechtsverordnung[24] oder einer auf Grund einer solchen Rechtsverordnung ergangenen Anordnung zuwiderhandelt, soweit die Rechtsverordnung für einen bestimmten Tatbestand auf diese Bussgeldvorschrift verweist. Die Ordnungswidrigkeit kann nach Abs. 2 mit einer Geldbusse geahndet werden. Bei Ordnungswidrigkeiten kann die Verwaltungsbehörde nach § 56 Abs. 1 OWiG oder dazu ermächtigte Beamte des Aussen- und Polizeidienstes nach § 57 Abs. 2 OWiG eine Ordnungswidrigkeit mit Verwarnungen, Geldbussen, Entziehung der Fahrerlaubnis oder Fahrverboten ahnden.

Ordnungswidrigkeiten können ganz allgemein gemäss § 17 Abs. 1 OWiG im Rahmen von 5 Euro bis 1'000 Euro erhoben werden (ausnahmsweise

---

[19] Ziel der Geldbusse ist es, beim Täter eine nachdrückliche Pflichtenmahnung zu bewirken und andere von der Begehung von Ordnungswidrigkeiten abzuhalten.
[20] Es bleibt festzuhalten, dass ein Begehen auch durch Unterlassen möglich ist, vgl. hiezu § 8 OWiG.
[21] Trotz „Entkriminalisierung" bzw. Herauslösung der Ordnungswidrigkeiten aus dem Strafrecht bleiben die Rechte des Angeklagten gemäss EMRK gewahrt, vgl. „Öztürk v. Germany", 8544/79 [1984] ECHR 1 vom 21. Februar 1984.
[22] SCHAFFHAUSER Assista, S. 612.
[23] Ausführlich zu den Rechtsgrundlagen in Deutschland vgl. SCHAFFHAUSER Assista, ab S. 627.
[24] Vgl. § 6 Abs. 1 StVG über die möglichen Ausführungsvorschriften, welche das Bundesministerium für Verkehr, Bau- und Wohnungswesen mit Zustimmung des Bundesrates erlassen kann.

bei Überschreitung der 0,5 Promille-Grenze beträgt die Obergrenze 1'500 Euro, vgl. § 24a Abs. 4 StVG). Bei Fahrlässigkeit[25] bestimmt § 17 Abs. 2 OWiG einen Satz von 5 Euro bis 500 Euro. Dieser kann sich bei Vorliegen einer Gefährdung oder Sachbeschädigung zusätzlich erhöhen. Als Nebenfolge können die Anordnung eines Fahrverbotes und eine Punkte-Eintragung beim Kraftfahrt-Bundesamt in Flensburg in Betracht kommen.

Vorliegend müssen wir weiter zwischen einer Verwarnung und dem dazugehörigen Verwarnungsgeld einerseits und einer Geldbusse im Sinne von § 24 Abs. 2 StVG andererseits unterscheiden. Handelt es sich nur um geringfügige Ordnungswidrigkeiten, kann die Verwaltungsbehörde nach § 56 Abs. 1 OwiG den Betroffenen verwarnen und ein Verwarnungsgeld von 5 Euro bis 35 Euro erheben, oder aber eine Verwarnung ohne Verwarnungsgeld aussprechen. Bei unbedeutenden Zuwiderhandlungen kann gar von einer solchen im Sinne des in § 47 Abs. 1 OWiG statuierten Opportunitätsprinzips abgesehen werden[26]. Die Verwarnung erfolgt schriftlich durch die Post oder mittels direkter Aushändigung eines sog. „Knöllchens".

Die Verwarnung nach § 56 Abs. 2 OWiG ist nur wirksam, wenn der Betroffene nach Belehrung über sein Weigerungsrecht mit ihr einverstanden ist und das Verwarnungsgeld entsprechend der Bestimmung der Verwaltungsbehörde entweder sofort zahlt oder innerhalb einer Frist, die eine Woche betragen soll, bei der hierfür bezeichneten Stelle oder bei der Post zur Überweisung an diese Stelle einzahlt[27]. Ist der Beschuldigte demnach mit dem Verwarnungsgeld einverstanden und bezahlt das Geld sofort – oder innert Wochenfrist[28] – ist das nichtförmliche Verfahren abgeschlossen. In diesem Verfahren ist die Anordnung eines Fahrverbots als Nebenstrafe ausgeschlossen. Eine Verzeichnung im Verkehrszentralregister erfolgt hierbei nicht[29]. Falls sich während dem Verfahren Anhaltspunkte ergeben, dass eine Straftat vorliegt, so überweist die Verwaltungsbehörde die Sache and die Staatsanwaltschaft gemäss § 41 OWiG. Sieht die Staats-

---

[25] Auch Leichtfertigkeit, die an Vorsatz grenzen mag, gehört dazu, vgl. HENTSCHEL Kommentar, Kommentar zu § 24 StVG, Rz 43, S. 269.
[26] Demnach liegt die Verfolgung im pflichtgemässen Ermessen der Verfolgungsbehörde, die das Verfahren einstellen kann, solange es ihr abhängig ist.
[27] Eine solche Frist soll gemäss § 56 Abs. 2 OWiG bewilligt werden, wenn der Betroffene das Verwarnungsgeld nicht sofort zahlen kann oder wenn es höher ist als zehn Euro.
[28] Vgl. § 56 Abs. 2 OWiG, wonach die Frist grundsätzlich eine Woche betragen soll.
[29] Vgl. BECKER mit Hinweisen auf § 28 Abs. 3 StVG und § 59 FeV.

anwaltschaft davon ab, kann sie die Sache wieder zurück an die Verwaltungsbehörde weisen. Die Verwaltungsbehörde ist gemäss § 44 OWiG an den Entscheid der Staatsanwaltschaft gebunden, ob eine Straftat verfolgt wird oder nicht.

Ist der Angeschuldigte mit der Busse nicht einverstanden und erhebt Einspruch innerhalb von zwei Wochen oder zahlt er sie nicht (oder zu spät) oder ist ein Bussgeld von 40 Euro und mehr bestimmt, wird in der Regel das Bussgeldverfahren eingeleitet. Erhebt der Betroffene Einspruch, so muss die Verwaltungsbehörde entscheiden, ob sie den Entscheid zurücknimmt, ergänzt oder aufrechterhält[30].

Vor Erlass eines Bussgeldbescheides wird dem Betroffenen Gelegenheit zur Stellungnahme gegeben. Wird gegen den Bussgeldbescheid innerhalb von zwei Wochen Einspruch gemäss § 67 OWiG erhoben, gelangt das Verfahren vor das zuständige Amtsgericht[31]. Allerdings kann sich hier die Rechtslage des Betroffenen verschlechtern, da eine Überleitung des Bussgeldverfahrens ins Strafverfahren im Sinne von § 81 OWiG möglich ist, wenn sich plötzlich herausstellen sollte, dass zusätzlich eine Verkehrsgefährdung ereignete. Das Amtsgericht ordnet sodan bei einem Widerspruch entweder eine mündliche Hauptverhandlung an oder, wenn keine Partei sich äussert, entscheidet durch Beschluss gemäss § 72 OWiG ohne solche. Handelt es sich um eine Geldbusse von über 250 Euro oder wurde eine Nebenfolge angeordnet, so kann der Betroffene den Beschluss mittels Rechtsbeschwerde im Sinne von § 79 OWiG anfechten.

Bestimmte Verstösse im Strassenverkehr (Ordnungswidrigkeiten ab 40 Euro und Straftaten) können neben einem Bussgeld zusätzlich mit einem Eintrag von Punkten geahndet werden. Dieser reicht bei Ordnungswidrigkeiten von einer Skala von eins bis vier Punkten[32] und wird in das Verkehrszentralregister in Flensburg (VZR) eingetragen. Das Punktesystem soll eine Gleichbehandlung aller im Strassenverkehr auffällig gewordenen Personen gewährleisten, weshalb die Speicherung im VZR unabhängig davon erfolgt, welche Staatsangehörigkeit der Betroffene besitzt und in welchem Staat er seinen Wohnsitz hat.

Das Punktesystem gestaltet sich wie folgt: Bei Erreichen von 8 Punkten erhält der fehlbare Lenker eine schriftliche Verwarnung mit dem Hinweis zur

---

[30] Weitere Details in BECKER, S. 303, Rz. 50.
[31] Für die Frage der zulässigen Form des Einspruchs vgl. BECKER, S. 301, Rz. 44.
[32] Bis zu sieben Punkte kann es für Straftaten im Strassenverkehr geben.

Teilnahme an einem Aufbauseminar. Absolviert der Lenker dieses, kann ein Punkterabatt von bis zu vier Punkten gewährt werden. Bei Erreichen von 14, nicht aber mehr als 17 Punkten, wird der fehlbare Lenker aufgefordert, an einem Aufbauseminar teilzunehmen. Kommt der Betroffene dieser Aufforderung nicht nach, hat die entsprechende Verwaltungsbehörde ihm die Fahrerlaubnis zu entziehen. Zusätzlich wird der Betroffene darauf hingewiesen, dass er an einer verkehrspsychologischen Beratung teilnehmen kann. Tut er dies, hat er die Möglichkeit von einem Punkterabatt von bis zu 2 Punkten. Zudem wird er informiert, dass ihm für den Fall von 18 Punkten die Fahrerlaubnis entzogen werde. Erreicht der Lenker schliesslich insgesamt 18 Punkte, dann wird ihm die Fahrerlaubnis entzogen[33]

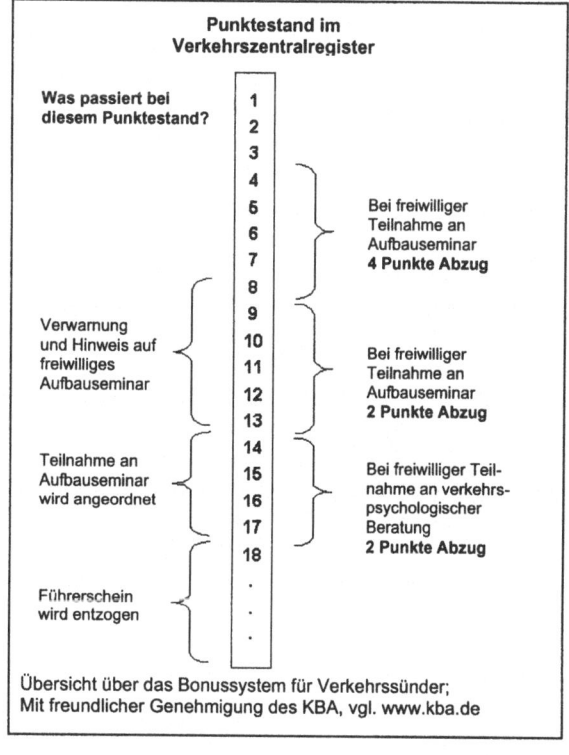

Übersicht über das Bonussystem für Verkehrssünder;
Mit freundlicher Genehmigung des KBA, vgl. www.kba.de

Gelöscht werden die Punkte gemäss § 29 StVG nach folgenden Fristen: Nach zwei Jahren bei einer Ordnungswidrigkeit, nach fünf Jahren bei Straftaten, die nicht im Zusammenhang mit Alkohol und Drogen stehen und bei Verboten oder Beschränkungen, ein fahrerlaubnisfreies Fahrzeug zu führen, und nach zehn Jahren bei Straftaten, die im Zusammenhang mit Alkohol und Drogen stehen und bei Entziehung, Versagung oder Erteilungssperre der Fahrerlaubnis. Nach dem Grundgedanken der Bewährung erfolgt die Löschung nur, wenn innerhalb dieser Fristen keine weiteren

---

[33] Das Gesetz geht hier automatisch von der Vermutung der Nichteignung zum Führen eines Kraftfahrzeugs aus.

Verkehrsverstösse begangen werden, sonst beginnt die Frist neu zu laufen. Die Einträge sind nach der erfolgten Löschung für Dritte nicht mehr im Verkehrszentralregister nachvollziehbar[34].

Zusätzlich zum Bussgeld und der Punkteeintragung können bestimmte Ordnungswidrigkeiten im Strassenverkehr mit einem vorübergehenden Fahrverbot von einem bis zu drei Monaten geahndet werden. Es werden ganz allgemein Fahrverbote nach § 3 FeV, § 24 StVG und §24a StVG in Verbindung mit § 25 StVG[35] unterschieden. Erstere werden dann angeordnet, wenn sich jemand als nicht fahrtauglich erweist. Letzteres wird im Falle von grober oder beharrlicher Pflichtenverletzung angewandt. Hier soll das Fahrverbot als Denkzettel und Besinnungsmassnahme für erhebliche Ordnungswidrigkeiten dienen[36]. Allerdings kann gemäss klarem Wortlaut von § 25 Abs. 1 StVG nur dann ein Fahrverbot ausgesprochen werden, wenn der Fahrer eine Ordnungswidrigkeit „unter grober oder beharrlicher Verletzung der Pflichten eines Kraftfahrzeugführers" begangen hat. Entsprechend dem geringen Unrechtsgehalt der Ordnungswidrigkeit im Vergleich zu einer Straftat ist das Fahrverbot folgerichtig durch § 25 Abs. 1 Satz 1 StVG an wesentlich engere Voraussetzungen geknüpft als das Fahrverbot des § 44 StGB DE[37]. Ein Fahrverbot nach § 44 StGB DE ist denn auch nur bei Straftaten im Zusammenhang mit dem Führen von Kraftfahrzeugen bzw. Verletzung von Pflichten als Kraftfahrzeugführer auszusprechen[38]. Dies hängt damit zusammen, dass „objektiv nur Pflichtverletzungen von besonderem Gewicht, namentlich abstrakt oder konkret gefährliche Ordnungswidrigkeiten in Frage kommen, die immer wieder die Ursache schwerer Unfälle bilden oder subjektiv auf besonders groben Leichtsinn oder grobe Nachlässigkeit oder Gleichgültigkeit zurückgehen"[39].

---

[34] Laut Statistik des Kraftfahrt-Bundesamtes waren am 1. Januar 2002 insgesamt 6'487'000 Personen (davon 1'196'000 Frauen) im Verkehrszentralregister verzeichnet.
[35] Nach Abs. 1 von § 25 StVG kann die Verwaltungsbehörde oder das Gericht dem Betroffenen in der Bussgeldentscheidung für die Dauer von einem Monat bis zu drei Monaten verbieten, im Strassenverkehr Kraftfahrzeuge jeder oder einer bestimmten Art zu führen, wenn gegen ihn wegen einer Ordnungswidrigkeit nach § 24 StVG, die er unter grober oder beharrlicher Verletzung der Pflichten eines Kraftfahrzeugführers begangen hat, eine Geldbusse festgesetzt wird. Bei Ordnungswidrigkeiten nach § 24a StVG, Fahren unter Alkoholeinfluss, wird in der Regel ein solches Fahrverbot ausgesprochen.
[36] Für Möglichkeiten des Absehens von Fahrverboten vgl. Becker, S. 31, Rz. 92 ff.
[37] So HENTSCHEL Fahrverbot, S. 472.
[38] Zur Abgrenzung der Einziehung durch die Verwaltungsbehörde nach § 3 StVG und der strafgerichtlichen Einziehung nach § 69 StGB DE vgl. JANISZEWSKI, S. 317 ff., Rz 810 ff.
[39] Vgl. HENTSCHEL Fahrverbot, insbesondere der Hinweis auf die problematische Auslegung der Norm durch die Bussgeldbehörden, S. 492.

Eine solche Pflichtverletzung liegt beispielsweise dann nicht vor, wenn ein Arzt die allgemeine Höchstgeschwindigkeit um 36 km/h überschreitet, um möglichst rasch einen nach einer Bandscheibenoperation unter akuten Rückenschmerzen und Kreislaufstörungen leidenden Patienten zu behandeln. Auch wenn sich der Arzt im vorliegenden Falle nicht auf einen Notstand berufen konnte, so konnte nicht davon ausgegangen werden, dass der Arzt einen Denkzettel oder eine Besinnungsmassnahme benötige. Deshalb wurde von der Aussprache eines Fahrverbotes abgesehen[40].

Wer massive Geschwindigkeitsübertretungen begeht, hat grundsätzlich keine Fahrerlaubnisentziehung, sondern „nur" ein mögliches Fahrverbot zu befürchten. Dies zeigt ein Beschluss des OVG Lüneburg[41], wonach eine einmalige erhebliche Höchstgeschwindigkeitsüberschreitung in einer geschlossenen Ortschaft grundsätzlich für sich allein genommen weder die Einziehung der Fahrerlaubnis rechtfertigt, noch werden hierdurch so massive Zweifel an der (charakterlichen) Eignung zum Führen von Kraftfahrzeugen begründet, die es erlauben, von dem Fahrerlaubnisinhaber die Beibringung eines Gutachtens zur Abklärung dieser Eignungszweifel zu verlangen und ihn bis zur Abklärung mit sofortiger Wirkung von der Teilnahme am öffentlichen Strassenverkehr auszuschliessen. Dies ergibt sich aus § 4 StVG, wonach nur dann ohne weiteres von einer fehlenden Eignung zum Führen von Kraftfahrzeugen ausgegangen werden kann, wenn zu Lasten des letzteren 18 Punkte im Verkehrszentralregister eingetragen sind. Nur in diesem Fall kann eine Ordnungswidrigkeit und damit auch eine als Ordnungswidrigkeit zu ahnende Höchstgeschwindigkeitsüberschreitung die entscheidende, die Entziehung der Fahrerlaubnis rechtfertigende Zuwiderhandlung gegen Verkehrsvorschriften sein. Hier weist das Oberverwaltungsgericht Lüneburg darauf hin, dass theoretisch auch geringe Verstösse wie solche gegen Parkvorschriften, in besonders krassen Fällen eine Entziehung der Fahrerlaubnis nach sich ziehen können. Bei erheblicher Überschreitung der zulässigen Höchstgeschwindigkeit in einer geschlossenen Ortschaft ist nach dem Bussgeldkatalog zu verfahren (vorliegend wurde dem Angeklagten vorgeworfen, mit 51 km/h zu schnell gefahren zu sein). Dies ist selbst dann der Fall, wenn eine noch massivere Verkehrsüberschreitung von 60 km/h zur Diskussion steht, welche mit einem Bussgeld in Höhe von 450 DM und einem Fahrverbot von zwei Monaten im Regelfall

---

[40] Vgl. BayObLG, Beschluss vom 22. November 1999 - 2 ObOWi 518/99, abgedruckt in NJW 2000, Heft 12, S. 888-889, wonach der Arzt im konkreten Fall „kein gesteigertes Unwerturteil" traf.
[41] OVG Lüneburg, 2. Dezember 1999, 12 M 4307/99, 4601/99, publiziert in NJW 2000, Heft 9, S. 685-686.

sanktioniert wurde (für die aktuellen Bussgeldhöhen vgl. nachfolgend unter Ziff. 2.2.).

Wirksam wird das ausgesprochene Fahrverbot nach § 25 Abs. 2 StVG mit Rechtskraft der Bussgeldentscheidung[42]. Die ausgestellten Führerscheine werden hierbei amtlich verwahrt. Allerdings ist dies nur möglich, wenn der Führerschein von einer Behörde eines Mitgliedstaates der Europäischen Union oder eines anderen Vertragsstaates des Abkommens über den Europäischen Wirtschaftsraum ausgestellt worden ist und sofern der Inhaber seinen ordentlichen Wohnsitz im Inland hat, was freilich bei Schweizer Verkehrssündern kaum je der Fall sein dürfte.

Die Verjährungsfrist von Ordnungswidrigkeiten nach § 24 StVG beträgt gemäss § 26 Abs. 3 StVG drei Monate, solange wegen der Handlung weder ein Bussgeldbescheid ergangen noch eine öffentliche Klage erhoben worden ist, danach sechs Monate[43]. Massgebend ist das Datum des Erlasses des Bussgeldbescheides oder, bei Erhebung der öffentlichen Klage, der Tag des Eingangs der Anklageschrift oder Antrags auf Erlass eines Strafbefehls[44] bei Gericht[45]. Unterbrochen werden kann die Verjährung nach § 33 Abs. 1 OWiG unter anderem durch Vernehmung des Betroffenen, Beschlagnahmeanordnungen oder den Erlass eines Bussgeldbescheides, sofern er binnen zwei Wochen zugestellt wird.

Die Vollstreckungsverjährung beträgt nach § 34 Abs. 2 OWiG bei Geldbussen über 1'000 Euro fünf Jahre, bei Geldbussen bis 1'000 Euro hingegen drei Jahre. Die Verjährung beginnt hierbei mit Rechtskraft des Entscheides. Schliesslich bleibt zu erwähnen, dass die Verjährung nach Abs. 4 nur unter den drei aufgezählten Gründen ruht, nämlich dann, wenn nach dem Gesetz die Vollstreckung nicht begonnen oder nicht fortgesetzt werden kann, die Vollstreckung ausgesetzt ist oder eine Zahlungserleichterung bewilligt worden ist.

---

[42] Vgl. hiezu auch OLG Hamm, Beschluss vom 10. Februar 1998 - 4 Ss OWi 63/98, publiziert in NJW 1998, Heft 33, S. 2462, wonach eine beharrliche Pflichtverletzung gemäss § 25 I 1 StVG zwar keine rechtskräftige Vorahndung voraussetzt, aber doch Kenntnis des Betroffenen.
[43] Es handelt sich hierbei um eine Sondervorschrift zu § 31 Abs. 2 OWiG, vgl. Hentschel Kommentar, Kommentar zu § 26 StVG, Rz 7.
[44] Vgl. § 407 Abs. 2 StPO DE, wonach durch Strafbefehl unter anderem Geldstrafen, Verwarnungen mit Strafvorbehalt, Fahrverbote oder Entziehungen der Fahrerlaubnis, bei der die Sperre nicht mehr als zwei Jahre beträgt, erledigt werden können.
[45] Vgl. Hentschel Kommentar, Kommentar zu § 26 StVG, Rz 7.

2.4. Vergleich über die Bussgelder bei Übertretungen und Ordnungswidrigkeiten

Die Verfahrensarten zwischen der Schweiz und Deutschland sind – wie vorstehend erwähnt – ähnlich ausgestaltet[46]. Sie unterscheiden sich jedoch erheblich voneinander im Bereich der Folgen begangener Übertretungen bzw. Ordnungswidrigkeiten. An dieser Stelle sei deshalb auf einige erheblich divergierende Bussen und den damit verbundenen Nebenfolgen bei Ordnungswidrigkeiten bzw. Übertretungen hingewiesen.

Soweit es sich um Übertretungen handelt, sind diese in der Schweiz in der Ordnungsbussenverordnung enthalten. In Art. 1 OBV wird geregelt, dass Übertretungen von Strassenverkehrsvorschriften, die mit Ordnungsbussen geahndet werden, im Anhang 1 der genannten Verordnung aufgeführt sind. Massgebend demnach für die Höhe der Ordnungsbussen sind die im genannten Anhang aufgelisteten Beträge[47].

In Deutschland massgebend für die Höhe von Verwarnungs- und Bussgelder ist die sog. Bussgeldkatalog-Verordnung (BkatV) mit Punktbewertung. Weiter zu beachten ist der bundeseinheitliche Tatbestandskatalog für Strassenverkehrsordnungswidrigkeiten, der die Tatbestände des Bussgeldkataloges sowie weitere häufig vorkommende Tatbestände von Ordnungswidrigkeiten im Strassenverkehr enthält.

Die Zusammenstellung beinhaltet nur eine kleine Auswahl an Übertretungen bzw. Ordnungswidrigkeiten. Primär berücksichtigt wurden Verkehrsdelikte im Zusammenhang mit Geschwindigkeitsübertretungen und Parkverstössen, die gleichsam zu den häufigsten Widerhandlungen im Strassenverkehr gehören. Die gesamte Liste findet sich unter den vorstehend genannten Gesetzen, Verordnungen bzw. den entsprechenden Anhängen.

---

[46] Vgl. auch BGE 114 IV 63, E. 3, wonach die Einführung des Ordnungsbussenverfahrens unter dem Umstand eingeführt wurde, dass „alle Nachbarstaaten der Schweiz und weitere europäische Länder ein ordnungsbussenähnliches Verfahren bereits längst eingeführt hatten".

[47] In Anhang 2 der genannten Verordnung finden sich Mindestanforderungen für Formulare, welche bei den Ordnungsbussen zur Anwendung gelangen.

13

Deliktsart	Rechtl. Grundlage (CH)	Bussen- betrag	Rechtl. Grundlage (D)	Bussenbetrag / Punkte / Fahrverbot
Diverses				
Handybenutzung beim Fahren	Bussenliste Nr. 311 (Art. 3 Abs. 1 VRV)	100 CHF	§ 23 Abs. 1a StVO TBNR 123154	40 Euro / 1 Punkt
Nichttragen der Sicherheitsgurte	Bussenliste Nr. 312 1 (Art. 3a VRV)	60 CHF	TBNR 121172	30 Euro
Stopp-Zeichen nicht befolgt	Bussenliste Nr. 308 (Art. 27 Abs. 1 SVG und Art. 36 Abs. 1 SSV)	60 CHF	TBNR 141130	10 Euro (50 Euro und 1 Punkt bei Gefährdung)
Nichtbeachten eines Lichtsignals	Bussenliste Nr. 309 1 (Art. 27 Abs. 1 SVG, Art. 68 und 69 Abs. 3 SSV)	250 CHF	TBNR 137600	50 Euro 3 Punkte
Halten an unübersichtlichen Stellen (mit Behinderung)	Bussenliste Nr. 204 (Art. 18 Abs. 2 lit. a VRV)	80 CHF	Bkat 51.1.1. TBNR 112101	15 Euro
Überschreiten der zulässigen Parkzeit				
Bis 30 Minuten			BKat 63.1 TBNR 113120	5 Euro
Bis 1 Stunde			BKat 63.2 TBNR 113121	10 Euro
Bis 2 Stunden	Bussenliste Nr. 200 lit. a (Art. 48 Abs. 8 SSV)	40 CHF	BKat 63.3 TBNR 113122	15 Euro
Bis 3 Stunden			BKat 63.4 TBNR 113123	20 Euro
Zwischen 2 und 4 Stunden	Bussenliste Nr. 200 lit. b (Art. 48 Abs. 8 SSV)	60 CHF		
Länger als 3 Stunden			BKat 63.5 TBNR 113124	25 Euro
Länger als 4 Stunden (aber nicht mehr als 10 Stunden)	Bussenliste Nr. 200 lit. c (Art. 48 Abs. 8 SSV)	100 CHF		

Deliktsart	Rechtl. Grundlage (CH)	Bussen-betrag	Rechtl. Grundlage (DE)	Bussenbetrag / Punkte / Fahrverbot

Zulässige Höchstgeschwindigkeit überschritten mit Kfz (z. B. PKW, Motorrad)

Innerorts

Deliktsart	Rechtl. Grundlage (CH)	Bussen-betrag	Rechtl. Grundlage (DE)	Bussenbetrag / Punkte / Fahrverbot
1-5 km/h	Bussenliste Nr. 303 1 lit. a (Art. 27 Abs. 1 SVG; Art. 4a Abs. 1 und Art. 5 VRV)	40 CHF		
6-10 km/h	Bussenliste Nr. 303 1 lit. b (Art. 27 Abs. 1 SVG; Art. 4a Abs. 1 und Art. 5 VRV)	120 CHF	BKat 11.3.1. TBNR 103202	15 Euro
11-15 km/h	Bussenliste Nr. 303 Nr. 1 lit. c (Art. 27 Abs. 1 SVG; Art. 4a Abs. 1 und Art. 5 VRV)	250 CHF	BKat 11.3.2. TBNR 103203	25 Euro
16-20 km/h			BKat 11.3.3. TBNR 103204	35 Euro
21-25 km/h			BKat 11.1.4. TBNR 103762	50 Euro / 1 Punkt
26-30 km/h			BKat 11.3.5. TBNR 103763	60 Euro / 3 Punkte
31-40 km/h			BKat 11.3.6. TBNR 103764	100 Euro / 3 Punkte / 1Mt Fahrverbot
41-50 km/h			BKat 11.3.7. TBNR 103765	125 Euro / 4 Punkte / 1Mt Fahrverbot
51-60 km/h			BKat 11.3.8. TBNR 103766	175 Euro 4 Punkte / 2 Mte Fahrverbot
61-70 km/h			BKat 11.3.9. TBNR 103767	300 Euro 4 Punkte / 3 Mte Fahrverbot
Über 70 km/h			BKat 11.3.10. TBNR 103768	425 Euro 4 Punkte / 3 Mte Fahrverbot

15

Deliktsart	Rechtl. Grundlage (CH)	Bussen-betrag	Rechtl. Grundlage (DE)	Bussenbetrag / Punkte / Fahrverbot
Ausserorts				
1-5 km/h	Bussenliste Nr. 303 Nr. 2 lit. a (Art. 27 Abs. 1 SVG; Art. 4a Abs. 1 und Art. 5 VRV)	40 CHF		
6-10 km/h	Bussenliste Nr. 303 Nr. 2 lit. b (Art. 27 Abs. 1 SVG; Art. 4a Abs. 1 und Art. 5 VRV)	100 CHF	BKat 11.3.1. TBNR 103208	10 Euro
11-15 km/h	Bussenliste Nr. 303 Nr. 2 lit. c (Art. 27 Abs. 1 SVG; Art. 4a Abs. 1 und Art. 5 VRV)	160 CHF	BKat 11.3.2. TBNR 103209	20 Euro
16-20 km/h	Bussenliste Nr. 303 Nr. 2 lit. d (Art. 27 Abs. 1 SVG; Art. 4a Abs. 1 und Art. 5 VRV)	240 CHF	BKat 11.3.3. TBNR 103210	30 Euro
21-25 km/h			BKat 11.3.4. TBNR 103774	40 Euro / 1 Punkt
26-30 km/h			BKat 11.3.5. TBNR 103775	50 Euro / 3 Punkte
31-40 km/h			BKat 11.3.6. TBNR 103776	75 Euro / 3 Punkte
41-50 km/h			BKat 11.3.7. TBNR 103777	100 Euro / 3 Punkte / 1Mt Fahrverbot
51-60 km/h			BKat 11.3.8. TBNR 103778	150 Euro / 4 Punkte / 1 Mt Fahrverbot
61-70 km/h			BKat 11.3.9. TBNR 103779	275 Euro / 4 Punkte / 2 Mte Fahrverbot
Über 70 km/h			BKat 11.3.10. TBNR 103780	375 Euro / 4 Punkte / 3 Mte Fahrverbot

In der Schweiz liegt ungeachtet der konkreten Umstände bei einer richtungsgetrennten Autobahn eine Geschwindigkeitsüberschreitung ab 35 km/h[48], bei nichtrichtungsgetrennten Autostrassen ab 30 km/h[49] und innerorts ab 25 km/h[50] eine grobe Verkehrsregelverletzung im Sinne von Art. 90 Ziff. 2 SVG vor. Da es sich nicht mehr um eine Übertretung im Sinne des Art. 1 OBG handelt, sondern um ein Vergehen, kann das Ordnungsbussenverfahren nicht mehr zur Anwendung gelangen. Unter den genannten Geschwindigkeitsübertretungen sind jeweils die konkreten Umstände zu beachten, die allenfalls zu einer einfachen bzw. groben Verkehrsregelverletzung führen können[51]. Bei groben Verkehrsregelverletzungen werden die persönlichen Verhältnisse und das Vorleben des Täters für die Tatschwere bzw. die Höhe der Busse mitentscheidend sein.

Die Tabelle macht deutlich, dass Widerhandlungen im Strassenverkehr bei genau gleicher Begehung in Deutschland und der Schweiz sehr unterschiedlich bewertet werden. Widerhandlungen in der Schweiz haben nicht nur grössere finanzielle Sanktionen zur Folge, sondern der Lenker wird auch in administrativrechtlicher Hinsicht in der Schweiz härter bestraft. Dass es für den Lenker Folgen haben kann, die Geschwindigkeiten über der im Bussenkatalog festgelegten Limite zu überschreiten zeigt ein Urteil des Bundesgerichts (6S.223/2005) vom 21. Juli 2005. Hier wurde der Lenker nach 36 km/h zu schnellem Fahren anfänglich mit 900 Franken gebüsst, akzeptierte den Entscheid jedoch nicht und der Fall ging vor das Urner Landgericht, welches die Busse auf 1'500 Franken erhöhte. Angesichts des ungewöhnlich hohen steuerbaren Vermögens von fast 48 Millionen Franken wurde die Busse vom Obergericht auf 15'000 Franken erhöht. Dieser Entscheid wurde nun vom Bundesgericht abgesegnet. Auch wenn dies ein Extremfall sein mag, so hätte den Fahrer in Deutschland ein gleiches Verhalten 75 Euro und 3 Punkte in Flensburg gekostet.

---

[48] BGE 123 II 37 mit Hinweisen auf unveröffentlichte Urteile des Kassationshofes vom 18. März 1994 in Sachen Bundesamt für Polizeiwesen gegen T., E. 4a, und vom 25. September 1996 in Sachen W. gegen Kantonsgericht von Graubünden, E. 1d.

[49] BGE 122 IV 173 und BGE 121 IV 230.

[50] BGE 123 II 37 E. 1e.

[51] Vgl. BGE 126 IV 192, wonach sich einer solchen schuldig macht, „wer durch grobe Verletzung der Verkehrsregeln eine ernstliche Gefahr für die Sicherheit anderer hervorruft oder in Kauf nimmt (...). Die grobe Verkehrsregelverletzung ist also ein Vergehen und führt auch zu einem Führerausweisentzug. Art. 90 Ziff. 2 SVG ist objektiv erfüllt, wenn der Täter eine wichtige Verkehrsvorschrift in objektiv schwerer Weise missachtet und die Verkehrssicherheit abstrakt oder konkret gefährdet. Subjektiv erfordert der Tatbestand, dass dem Täter aufgrund eines rücksichtslosen oder sonst wie schwerwiegend regelwidrigen Verhaltens zumindest eine grobe Fahrlässigkeit vorzuwerfen ist."

3. Internationales Recht

3.1. Vorbemerkungen

Das internationale Strafrecht der Schweiz wird neben den Art. 3-7 StGB auch in Art. 101 SVG geregelt[52]. Die Bestimmungen der Art. 3-6 StGB „regeln nicht nur den Anwendungsbereich des Gesetzes, wie Überschrift und Wortlaut vermuten lassen, sondern umschreiben gleichzeitig auch die schweizerische Gerichtsbarkeit"[53]. Art. 346 ff. StGB ordnen den Gerichtsstand im interkantonalen Verhältnis, falls die schweizerische Gerichtsbarkeit nach Art. 3 ff. StGB gegeben ist. Deshalb kommt Art. 348 StGB (Gerichtsstand bei strafbaren Handlungen im Ausland) nur zum Zuge, wenn gemäss Art. 4-6 StGB für eine Auslandtat die schweizerische Zuständigkeit zu beanspruchen ist[54]. Zu beachten ist, dass die genannten Normen nicht das Verhältnis zu anderen Strafrechtsordnungen betreffen, die Anwendung mehrerer Strafrechtsordnungen ist deshalb möglich[55]. Auf die Problematik der Doppelbestrafung wird nachfolgend näher eingegangen.

In Deutschland wird das internationale Strafrecht durch § 3–7 StGB DE geregelt. Es handelt sich hierbei, wie im Schweizerischen Strafrecht, jedoch nur um einseitiges Kollisionsrecht[56].

3.2. Das Territorialitätsprinzip

Nach Art. 3 Ziff. 1 Abs. 1 StGB ist dem Schweizerischen Strafgesetz unterworfen, wer in der Schweiz ein Verbrechen oder ein Vergehen verübt (sog. Territorialitätsprinzip). Da nach Art. 102 StGB die Bestimmungen des ersten Teiles des Strafgesetzbuches auch für Übertretungen gelten, fallen sie ebenfalls unter Art. 3 StGB. Das Territorialitätsprinzip wird in Art. 7 StGB konkretisiert: Demnach gilt ein Verbrechen oder ein Vergehen (bzw. eine Übertretung) als da verübt, wo der Täter es ausführt, und da, wo der Erfolg eingetreten ist (Ubiquitätsprinzip). Wer also in der Schweiz eine Ver-

---

[52] Die Bestimmungen sind im deutschen Strafgesetzbuch analog geregelt, vgl. § 3-7 und § 9 StGB DE.
[53] BGE 102 IV 38, E. 2b
[54] BGE 108 IV 146, E. 2.
[55] BGE 114 IV 84 E. 4.
[56] Vgl. KINDHÄUSER StGB, Kommentar zu Vor §§ 3-7, Rz. 1, S. 9.

kehrsregelübertretung begeht, untersteht grundsätzlich dem schweizerischen Recht.

In Deutschland unterliegt nach § 3 StGB DE und § 5 OWiG dem Deutschen Strafgesetzbuch derjenige, der Taten im Inland begeht[57]. Die Vorschrift in § 3 StGB ist als Ausdruck des Territorialitätsprinzips zu verstehen und dient als Hauptanknüpfungspunkt internationalen Strafrechts[58]. Der Ort wird – ähnlich dem Schweizerischen Strafgesetzbuch – in § 9 StGB DE geregelt, wobei auch hier der Handlungs- und Erfolgsort bei einer Tat zu berücksichtigen sind. Für Verkehrsordnungswidrigkeiten kommt allerdings ausschliesslich § 5 OWiG zum Tragen[59]. Die entsprechenden Normen können deshalb nur bei Inlandstaaten zur Anwendung gelangen.

3.3. Das Flaggenprinzip

Das Flaggenprinzip sieht die Anwendung des Schweizerischen Strafgesetzbuches dann vor, wenn an Bord eines Schiffes oder Flugzeuges unter schweizerischer Flagge eine Straftat begangen wird[60]. In Deutschland ist das Flaggenprinzip in § 4 StGB DE bzw. § 5 OWiG statuiert[61]. Das Prinzip ist allerdings vorliegend auf den Strassenverkehr aus zwei Gründen nicht anwendbar: Einerseits handelt es sich bei Fahrzeugen ohne Zweifel weder um Flugzeuge noch Schiffe, andererseits werden die Taten nicht an Bord des Fahrzeuges begangen, sondern eben gerade mit diesem, weshalb das Flaggenprinzip für Strassenverkehrsregeldelikte unbeachtlich bleibt[62]. Es gelangt somit nicht zur Anwendung.

3.4. Das aktive Personalitätsprinzip

In Art. 6 StGB wird das aktive Personalitätsprinzip statuiert. Art. 6 StGB (wie auch Art. 5 StGB) hat deutlich subsidiäre Funktion; die Norm kommt nur zum Zuge, wenn die primär zuständigen Behörden des Begehungs-

---

[57] Zur Anerkennung der deutschen Ordnungswidrigkeiten durch die Schweiz, vgl. ROGALL, Kommentar zu § 5, Rz. 38, S. 116.
[58] In diesem Sinne auch KINDHÄUSER StGB, Kommentar zu § 3, Rz. 1, S. 12.
[59] Vgl. HENTSCHEL Kommentar, Einleitung Rz. 32.
[60] Vgl. TRECHSEL Kurzkommentar, Kommentar zu vor Art. 3, Rz. 6.
[61] Vgl. ROGALL, § 5 OWiG steht im Gleichklang mit § 4 StGB DE, Kommentar zu § 5, Rz. 24-25, S. 113-114.
[62] In diesem Sinne auch ROGALL, der bemerkt, dass alle Handlungen ausscheiden, welche das Fahrzeug „von aussen" betreffen, als Beispiel führt er die Gefährdung des Fahrzeugs durch andere Objekte an, Kommentar zu § 5, Rz. 24-25, S. 113-114.

ortes die Auslandtat nicht bereits abschliessend beurteilt haben bzw. die im Ausland ausgefällte Strafe dort noch nicht voll verbüsst ist und der Täter sich in der Schweiz befindet. Dass der Täter sich in der Schweiz befinden muss, stellt gemäss Art. 5 und 6 StGB unzweifelhaft eine Voraussetzung der schweizerischen Gerichtsbarkeit dar[63]. Der Zweck der Norm liegt darin, dass ein Schweizer nach Verübung einer Straftat im Ausland nicht ungestraft in sein Land zurückkehren kann[64]. Ein Strafübernahmebegehren des Tatortstaates ist nicht erforderlich[65]. Allerdings gelangt Art. 6 StGB nur dann zur Anwendung, wenn es sich um ein relativ schwerwiegendes Delikt handelt, welches eine minimale Obergrenze von 1 Jahr Freiheitsentzug vorsieht[66].

Eine ähnliche Regelung finden wir in Deutschland, in § 7 Abs. 1 StGB DE. Demnach gilt das deutsche Strafrecht für Taten, die im Ausland gegen einen Deutschen begangen werden, wenn die Tat am Tatort mit Strafe bedroht ist oder der Tatort keiner Strafgewalt unterliegt.

3.5. Die schweizerische Norm des Art. 101 SVG als stellvertretendes Strafrecht

Eine weitere im internationalen Verkehr zu beachtende Norm für das internationale Strafrecht der Schweiz findet sich in Art. 101 SVG. Der Artikel konkretisiert die Verfolgung von Verkehrsregelverletzungen, welche im Ausland begangen wurden. So bestimmt Abs. 1 der genannten Bestimmung, dass auf Ersuchen der zuständigen ausländischen Behörde in der Schweiz verfolgt wird, „wer im Ausland eine Verletzung von Verkehrsregeln oder eine andere bundesrechtlich mit Freiheitsstrafe bedrohte Widerhandlung im Strassenverkehr begeht und am Tatort strafbar ist, sofern er in der Schweiz wohnt und sich hier aufhält und sich der ausländischen Strafgewalt nicht unterzieht."

Während sich einige Autoren dafür aussprachen, dass es sich bei Art. 101 StGB um eine Abwandlung von Art. 6 StGB oder um ein modifiziertes Weltrechtsprinzip handle, hält SCHULTZ dafür, dass es sich um einen Anwendungsfall stellvertretenden Strafrechts handelt[67]. Die Bestimmung

---

[63] BGE 108 IV 147, E. 3.
[64] In diesem Sinne REHBERG ET AL. Strafrecht I, S. 44.
[65] BGE 76 IV 210.
[66] Vgl. POPP, N 319 sowie Art. 35 Abs. 1 lit. a IRSG.
[67] Zum ganzen Theoriestreit vgl. SCHULTZ SVG, S. 107.

gelangt jeweils dann zur Anwendung, wenn ein Staat den seiner Gerichts-
gewalt Unterworfenen, der eine im Ausland verfolgte Tat begangen hat,
zwar nicht ausliefert, doch zu verfolgen bereit ist. Aus welchem Grunde die
Auslieferung nicht in Frage kommt oder abgelehnt wird, spielt keine Rolle[68].
Allerdings ist zu beachten, dass sich auch Elemente des Delegationsprin-
zips in der Bestimmung finden. Dafür spricht jedenfalls auch der Umstand,
dass die Verfolgung der Auslandstat „nur auf Ersuchen des Tatortstaates"
hin unternommen wird.

Art. 6 StGB gelangt grundsätzlich bei Auslandstaaten von Schweizern zur
Anwendung, womit sich nun die Frage stellt, ob und inwieweit nach der
Regel der Verdrängung der lex generalis durch die lex specialis, Art. 101
SVG gegenüber Art. 6 StGB Geltung beansprucht[69].

Vorab muss es sich um eine „Verletzung von Verkehrsregeln oder eine andere bundesrechtlich mit Freiheitsstrafe bedrohte Widerhandlung im Strassenverkehr" handeln. Neben der schuldhaften Verletzung von Verkehrsregeln nach dem SVG erfasst die Norm auch Tatbestände, „die ein anderer
bundesrechtlicher Erlass unter Strafe stellt"[70], weshalb auch eine Störung
des öffentlichen Verkehrs nach StGB grundsätzlich unter Art. 101 SVG fällt.
Ob eine Strassenverkehrsregel im Sinne des Gesetzes verletzt ist, beurteilt
sich jeweils „in Analogie zu den schweizerischen Vorschriften"[71].

Weiter darf sich der Angeschuldigte nach Art. 101 SVG der ausländischen
Strafgewalt nicht unterziehen. Es stellt sich die Frage, wann dies genau der
Fall ist? Das Obergericht des Kantons Zürich entschied im Jahre 1963,
dass mit dem Ausdruck „Strafgewalt" einzig die Spruchgewalt gemeint sei,
welche vom Angeschuldigten in dem Sinne anerkannt werde, dass er den
Sachverhalt im Urteil anerkenne und letzteres unangefochten gelassen
habe. Sei dies der Fall, könne Art. 101 SVG nicht mehr zur Geltung gelangen. Es spiele deshalb keine Rolle, ob sich der Angeschuldigte auch dem
Vollzug der Strafe widersetze[72]. In der Begründung führt das Obergericht
aus, dass Art. 6 Ziff. 2 StGB dem Anrechnungsprinzip folge und damit
ausnahmsweise eine zweimalige Bestrafung eines Schweizers wegen
derselben Straftat in Kauf nehme, wohingegen Art. 101 SVG mit der Ein-

---

[68] SCHULTZ SVG, S. 107.
[69] So im Wesentlichen in SJZ 1963 [59] Nr. 131, S. 304 ff. und TRECHSEL Kurzkommentar,
Kommentar zu Art. 6 StGB, Rz. 3.
[70] SJZ 1963 [59] Nr 131.
[71] GIGER, Kommentar zu Art. 101, S. 265.
[72] SJZ 1963 [59] Nr 131.

schränkung, dass der Täter nur verfolgt wird, wenn er sich der ausländischen Strafgewalt nicht unterzieht, offenbar eine solche zweimalige Bestrafung vermeiden wolle. Damit werde für das Strassenverkehrsrecht das Prinzip der Anerkennung festlegt. SCHULTZ hingegen spricht sich mit überzeugenden Argumenten dafür aus, dass sich der Angeschuldigte nicht nur dem Urteil, sondern auch dem Strafvollzug zu unterwerfen habe, sei es auch nur durch Bezahlen einer Busse, denn fehle die Unterwerfung unter den eigentlichen Strafvollzug, so sei das verurteilende Erkenntnis ein „Messer ohne Klinge"[73]. Deshalb sollte anstatt von Nichtunterziehen besser von Nichtanerkennen oder Ablehnen der ausländischen Strafgewalt gesprochen werden[74].

Art. 101 SVG wird nur angewendet, wenn die ausländische Behörde in der Schweiz ein Ersuchen um Übernahme des Strafverfahrens stellt.

Der Anwendungsbereich von Art. 101 SVG wurde durch das Inkrafttreten des Rechtshilfegesetzes (IRSG) am 1. Januar 1983 reduziert. Nach Art. 35 Abs. 1 lit. a IRSG werden alle Strafen mit einer freiheitsbeschränkenden Sanktion im Höchstmass von mindestens einem Jahr oder mit einer schwereren Sanktion als Auslieferungsdelikte qualifiziert. Damit fallen die Normen der groben Verkehrsregelverletzung von Art. 90 Ziff. 2 SVG, des Fahrens in fahrunfähigem Zustand nach Art. 91 Abs. 1 und 2 SVG, der Vereitelung von Massnahmen zur Feststellung der Fahrunfähigkeit nach Art. 91a Abs. 1 SVG, des pflichtwidrigen Verhaltens bei Unfall nach Art. 92 Abs. 2 SVG, des Führens eines nichtbetriebssicheren Fahrzeuges nach Art. 93 Ziff. 1 Abs. 1 SVG, der Entwendung zum Gebrauch nach Art. 94 Ziff. 1 SVG und der Missbrauch von Ausweisen und Schildern nach Art. 97 Ziff. 1 SVG unter die genannte Norm. Die genannten Delikte sind als Auslieferungsdelikte nach Art. 6 Ziff. 1 StGB i.V.m. Art. 102 Ziff. 1 SVG nach Schweizer Recht durch die schweizerischen Gerichte strafbar, wenn sie von einem Schweizer im Ausland begangen wurden.

Im Anwendungsbereich von Art. 101 SVG verbleiben somit folgende Fälle: Wenn Übertretungen im Strassenverkehr im Ausland[75] begangen wurden, oder wenn diese von einem in der Schweiz wohnenden oder sich dort aufhaltenden Ausländer im Auslande begangen wurden[76].

---

[73] SCHULTZ SVG, S. 115.
[74] So im Ergebnis auch SCHULTZ SVG, S. 115.
[75] A.M. wohl GIGER, S. 290, der davon spricht, dass „die lediglich mit Busse geahndeten Bagatelldelikte" dieser Bestimmung nicht unterstünden.
[76] SCHULTZ, Rechtsprechung 78-82, S. 304.

3.6. „Ne bis in idem" Problematik

Nebst der bereits erwähnten Problematik, wonach ein Verfahren bei einem im Auslande gefällten rechtskräftigen Urteil bei Nichtanerkennen noch einmal wiederholt werden kann, kann durchaus vorkommen, dass zwei Staaten die Gerichtsbarkeit für den gleichen Sachverhalt in Anspruch nehmen. Das trifft nach bundesgerichtlicher Rechtsprechung immer dann zu, wenn ausser dem Staat des Begehungsortes, der nach dem allgemein anerkannten Territorialprinzip in erster Linie die Beurteilungskompetenz beansprucht, noch ein weiterer Staat aufgrund eines anderen Anknüpfungsmomentes sich zur Ahndung des Deliktes als zuständig erachtet[77]. Das Völkerrecht kennt kein Verbot der Doppelbestrafung[78]. Die meisten nationalen Gesetze enthalten jedoch diverse Regeln, um eine Häufung von Strafen zu vermeiden; insbesondere kommen das Anrechnungs- und Erledigungsprinzip zur Anwendung.

Art. 3 Ziff. 1 Abs. 2 StGB schreibt vor, dass eine Strafe, die der Täter im Ausland wegen einer in der Schweiz verübten Tat ganz oder teilweise verbüsst hat, auf die vom schweizerischen Richter auszufällende Strafe anzurechnen ist. Voraussetzung für die Anrechnung ausländischer Strafen ist, dass letztere auch tatsächlich verbüsst worden sind. Deshalb gilt gemäss Bundesgericht eine bedingt ausgesprochene Strafe nicht als verbüsst im Sinne des Gesetzes. Gleiches gilt nach § 51 Abs. 3 des Deutschen Strafgesetzbuches, wonach, falls der Verurteilte wegen derselben Tat im Ausland bestraft worden ist, auf die neue Strafe die ausländische angerechnet wird, soweit sie vollstreckt ist. Für eine andere im Ausland erlittene Freiheitsentziehung gilt Absatz 1 entsprechend, wonach die Anrechnung ganz oder zum Teil unterbleibt, wenn sie im Hinblick auf das Verhalten des Verurteilten nach der Tat nicht gerechtfertigt ist. Auch Art. 103 Abs. 3 des Deutschen Grundgesetzes, wonach niemand wegen derselben Straftat aufgrund der allgemeinen Strafgesetze mehrmals bestraft werden darf, gilt nur für innerstaatliche Taten[79].

Die Durchführung der Anrechnung wird im genannten Artikel jedoch nicht weiter bestimmt. Soweit im Gesetz vorgesehen, ist die entsprechende

---

[77] BGE 105 IV 227, E. 3.
[78] Vgl. hiezu LAGODNY, S. 256, der festhält, dass sich aus dem Völkerrecht kein rechtliches Gebot zur Lösung positiver Strafgewaltskonflikte ableiten lässt. Die völkerrechtlichen Prinzipien stehen hierbei einander grundsätzlich gleichberechtigt gegenüber.
[79] Vgl. LAGODNY, S. 256, mit weiteren Bemerkungen. Demnach erachtet das Bundesverfassungsgericht hierbei die Anrechnungslösung für verfassungsrechtlich geboten.

Norm direkt anwendbar (Art. 49 StGB). Das Bundesgericht hat in BGE 105 IV 225 entschieden, dass für die Umwandlung einer Busse in Haft die vorgesehene Regelung (Art. 49 Ziff. 3 Abs. 3 StGB) nicht unmittelbar anwendbar ist, da Haft nicht Gefängnis gleichgestellt ist und die deutsche Geldstrafe zudem lediglich das Fahren ohne Führerausweis abzugelten hat, nicht das Fahren in Angetrunkenheit, wofür eine Freiheitsstrafe mit Bewährung verhängt wurde. Die Anrechnung einer ungleichwertigen Strafe ist mangels einer gesetzlichen Ordnung nach richterlichem Ermessen vorzunehmen[80]. Dieselbe Regelung kennt im Übrigen auch das Deutsche Strafgesetzbuch in § 51 Abs. 2 StGB DE. Demnach wird eine im Ausland verhängte Strafe angerechnet, soweit sie vollstreckt wurde oder durch Anrechnung erledigt ist. Auch die übrigen Grundsätze gelten im deutschen Strafrecht, so etwa auch die Tatsache, dass eine im Ausland verhängte Strafe dann nicht anrechenbar ist, wenn sie zur Bewährung ausgesetzt, erlassen oder verjährt ist.[81] In diesem Sinne plädiert MÜLLER-DIETZ, dass die uneingeschränkte Anerkennung des Grundsatzes "ne bis in idem" im Verhältnis von ausländischen Urteilen zu Inlandsentscheidungen die Problematik der Doppelbestrafung ausräumen würde. Dadurch würde auch die Anrechnungsgrundlage des § 51 Abs. 3 und 4 StGB DE entbehrlich.[82]

In BGE 111 IV 1 entschied das Bundesgericht, dass selbst bei einer einheitlichen Tathandlung, bei der nur ein Teil der Straftat in der Schweiz begangen wurde und ein ausländischer Staat sich wegen des auf seinem Gebiet begangenen Tatanteils ebenfalls als zur Strafverfolgung zuständig erachtete, die Schweiz gemäss Art. 3 Ziff. 1 Abs. 1 StGB zu Recht die Gerichtsbarkeit beanspruchte. Im beurteilten Fall fuhr ein Lenker von Lörrach nach Basel, wo er wegen Verdachts auf Angetrunkenheit zurückgehalten wurde. Eine anschliessende Blutprobe ergab einen Blutalkoholgehalt von 1.93 Promille bis maximal 2.18 Promille. Nachdem das Amtsgericht Lörrach den Lenker wegen dieser Fahrt zu einer Geldbusse verurteilt hatte, sprach ihn auch der Polizeigerichtspräsident Basel-Stadt des Fahrens in angetrunkenem Zustand schuldig und verurteilte ihn zu einer Restfreiheitsstrafe von 10 Tagen Gefängnis. Ein ausländisches Strafurteil, das in der gleichen Sache bereits ergangen ist, hindert in solchen Fällen eine Bestrafung in der Schweiz nicht von vornherein. Vielmehr ist diese Tat anzurechnen. Eine eigentliche Anerkennung des ausländischen Urteils als definitive Erledigung ergibt sich aus Art. 3 Ziff. 2 StGB nur für den Fall, dass ein Ausländer (we-

---

[80] BGE 105 IV 228, E. 3.
[81] MÜLLER-DIETZ, S. 108.
[82] MÜLLER-DIETZ, S. 112-113.

gen der in der Schweiz begangenen Tat) auf Ersuchen der schweizerischen Behörde im Ausland verfolgt worden ist.

Das Resultat der möglichen Doppelbestrafung, wenn auch ein ausländisches Urteil angerechnet wird, vermag nicht zu befriedigen, da jeder Autolenker einer gewissen Willkür staatlicher Behörden ausgeliefert ist. Er könnte bei solchen grenzüberschreitenden Taten gleich zwei Mal verfolgt werden, jedoch auch nicht, falls nämlich ein Ersuchen um Übernahme gestellt worden ist. Da der fehlbare Lenker darauf jedoch keinen Einfluss ausüben kann, kann er in solchen Fällen nur hoffen, dass ein solches Übernahmebegehren gestellt wird. Ansonsten hat er zu befürchten, gleich zwei Mal – auch bei einer Einheitstat – sich vor dem Richter verantworten zu müssen. Dieser Problematik könnte jedoch das sog. Schengener Durchführungsübereinkommen abhelfen, welches eine weittragende Norm bezüglich des „ne bis in idem"-Verbotes aufstellt.

3.7. Abhilfe durch das Schengener Durchführungsübereinkommen

3.7.1. Kurzer geschichtlicher Abriss

Am 14. Juni 1985 unterzeichneten die Vertreter der fünf EU-Mitgliedstaaten Belgien, Deutschland, Frankreich, Luxemburg und die Niederlande in einem kleinen Dorf namens Schengen in Luxemburg das Abkommen von Schengen, welches einen schrittweisen Abbau der Kontrollen an den gemeinsamen Binnengrenzen zur Einführung eines freien Personenverkehrs für Staatsangehörige zwischen den Vertragsparteien vorsah.

Rund fünf Jahre später, am 19. Juni 1990 wurde zur konkreten Umsetzung des Schengener Abkommens das Übereinkommen zur Durchführung des Schengener Abkommens (SDÜ) von den bereits genannten fünf Ländern unterzeichnet. Zu den Regelungsgegenständen des Abkommens gehören insbesondere Ausgleichsmassnahmen, die infolge der Abschaffung der Binnengrenzkontrollen einen einheitlichen Raum der Sicherheit und des Rechts gewährleisten sollen. Das SDÜ trat in der Folge am 1. September 1993 in Kraft, wurde allerdings erst nach Schaffung der erforderlichen technischen und rechtlichen Voraussetzungen am 26. März 1995 angewendet. Schliesslich wurde durch das Schengen-Protokoll zum Amsterdamer Vertrag vom 2. Oktober 1997 die Schengen-Zusammenarbeit mit Wirkung vom 1. Mai 1999 in die EU einbezogen.

Im Jahre 2004 verständigten sich die Schweiz und die EU über das Vertragspaket der sog. „Bilateralen II". Die Vereinbarung enthielt unter anderem wichtige Regelungen über die Zinsbesteuerung, Betrugsbekämpfung, verarbeitete Landwirtschaftsprodukte, Umwelt, Statistik, Filmförderung, Bildung und Ruhegehälter. Dem darin mitenthaltenen Abkommen zwischen der Schweiz und der EU über die Assoziierung mit den Vertragssystemen von Schengen und Dublin stimmten die Schweizer Eidgenossen am 5. Juni 2005 in einem Referendum mit 54,6 Prozent zu. Die Stimmbeteiligung betrug 56 Prozent. Die Vorlage sah den Beitritt der Schweiz zum Schengen-Raum sowie zum Dubliner Erstasylabkommen vor. Innerhalb des Schengen-Raums werden systematische Personenkontrollen an zwischenstaatlichen Grenzen aufgehoben, dafür wird die internationale Zusammenarbeit von Justiz und Polizei – u.a. mit Zugriff auf entsprechende Fahndungsdatenbanken – gestärkt.

Das Schengener Übereinkommen bezweckt die Realisierung der völligen Freizügigkeit zwischen den Mitgliedstaaten. Es regelt den Abbau der Personenkontrollen an den gemeinsamen Grenzen (Binnengrenzen), die verstärkte Zusammenarbeit von Justiz und Polizei sowie die Einführung eines gemeinsamen Informationssystems. Das In-Kraft-Treten der genannten Assoziierung mit dem im luxemburgischen Schengen geschlossenen Abkommen, welches im Jahre 1990 durch das Schengener Durchführungsübereinkommen ergänzt wurde, ist für Anfang 2008 angestrebt[83].

Schliesslich hat das Schweizer Volk in diesem Zusammenhang am 25. September 2005 mit einem klaren Ja von 56 Prozent die Ausdehnung des Freizügigkeitsabkommens auf die zehn neuen EU-Länder klar angenommen. Die Ausdehnung betraf die Personenfreizügigkeit mit den folgenden Ländern, Estland, Lettland, Litauen, Polen, Tschechien, Slowakei, Ungarn, Slowenien, Malta und Zypern.

3.7.2. Wirkungen des Schengener Durchführungsübereinkommens

Eine gewisse Abhilfe bezüglich der Problematik von Doppelbestrafungen könnte das erwähnte Schengener Durchführungsübereinkommen schaffen. In Artikel 54 SDÜ wird festgehalten, dass wer „durch eine Vertragspartei rechtskräftig abgeurteilt worden ist, (...) durch eine andere Vertragspartei wegen derselben Tat nicht verfolgt werden [darf], vorausgesetzt, das im Fall einer Verurteilung die Sanktion bereits vollstreckt worden ist, gerade

---

[83] Für weitere Hinweise vgl. BADDENHAUSEN-LANGE/LUNZE.

vollstreckt wird oder nach dem Recht des Urteilsstaats nicht mehr vollstreckt werden kann"[84].

Die leider nicht über alle Zweifel erhabene Definition in Art. 54 SDÜ hat bislang immer wieder Anlass zu Diskussionen gegeben. Der EuGH hatte sich unter anderem am 11. Februar 2003 mit dem Begriff der rechtskräftigen Aburteilung gemäss Art. 54 SDÜ zu befassen[85]. Es stellte sich die Frage, ob auch dann eine rechtskräftige Aburteilung vorliegen würde, wenn an dem zum Strafklageverbrauch führenden Verfahren kein Gericht mitgewirkt hatte. Der EuGH gelangt zum Schluss, dass wenn die Strafverfolgung durch ein zum Strafklageverbrauch führendes Verfahren beendet worden sei, die so beschaffen ist wie im Ausgangsfall, eine rechtskräftige Aburteilung im Sinne des Art. 54 des Durchführungsübereinkommens zu bejahen sei. Im vorliegenden Fall hatte die niederländische Staatsanwaltschaft über die Einstellung des Verfahrens nach Erfüllung von bestimmten Auflagen (niederländische transactie) verfügt.

Ein weiterer interessanter Fall betraf die Frage der doppelten Bestrafung zwischen Österreich und Deutschland[86]. Der Oberste Gerichtshof der Republik Österreich hatte die Frage zu entscheiden, ob Art. 54 SDÜ einer Strafverfolgung wegen desselben Sachverhalts in Österreich entgegenstehe, nachdem ein strafrechtliches Ermittlungsverfahren wegen Eintritts der absoluten Verjährung nach § 170 Abs. 2 StPO DE eingestellt worden war.

Der Gerichtshof legte den amtlichen deutschen Text des Art. 54 SDÜ in Übereinstimmung mit dem Willen der beiden Vertragsparteien dergestalt aus, dass durch das Übereinkommen der Grundsatz „ne bis in idem" nur auf ausländische 'Urteile' und diesen gleichstehenden staatsanwaltlichen verfahrensbeendenden Entscheidungen mit Sanktionscharakter erstreckt werden, nicht aber auf blosse Einstellungen von Verfahren durch den Staatsanwalt mangels hinreichender Beweise. In diesem Sinne kam der Gerichtshof zum Schluss, dass der in Deutschland erfolgten Einstellung nach § 170 Abs. 2 StPO DE keine Rechtskraftwirkung zukomme. Dies führte dazu, dass einer Strafverfolgung der Beschuldigten in Österreich die Hinderung ihrer weiteren Strafverfolgung in Deutschland mangels einer dort

---

[84] Vgl. hiezu EICKER, S. 228, der feststellt, dass das in Art. 54 SDÜ verankerte Verbot der doppelten Strafverfolgung und Bestrafung das derzeit weitreichenste Prinzip seiner Art ist.
[85] Vgl. hiezu EuGH, Urteil vom 11. Februar 2003; Rs. C 187/01.
[86] Oberster Gerichtshof der Republik Österreich, Entscheidung vom 17. Juni 2004, 12 Os 23/04 abgedruckt in NStZ 2005, Heft 6 S. 345-347.

getroffenen und in materieller Rechtskraft erwachsenen endgültigen Sachentscheidung der Grundsatz "ne bis in idem" nicht entgegenstand.

Wie sich aus den genannten Urteilen ergibt, stellt Art. 54 SDÜ sicherlich einen Schritt in die richtige Richtung dar, doch bleiben nach wie vor viele Fragen bezüglich einer allfälligen Doppelbestrafung sowie Doppelverfolgung durch die Strafbehörden offen. Diese werden wohl erst durch die Rechtsprechung gefüllt werden müssen, bis Klarheit über die genaue Tragweite des genannten Artikels bestehen wird[87].

3.8. Der Schweizerisch-deutsche Polizeivertrag

3.8.1. Vorbemerkungen

Um den Kampf gegen die grenzüberschreitende Kriminalität zu verstärken und zu vereinfachen, schlossen die Schweiz und die Bundesrepublik Deutschland am 27. April 1999 einen Vertrag über die grenzüberschreitende und justitielle Zusammenarbeit (Schweizerisch-deutschen Polizeivertrag)[88]. Er wurde als Folge des Schengener Übereinkommens über die Zusammenarbeit in Verfahren wegen Zuwiderhandlungen gegen Verkehrsvorschriften und bei der Vollstreckung von dafür verhängten Geldbussen und Geldstrafen geschlossen[89]. Der Polizeivertrag soll die grenzüberschreitende Zusammenarbeit zwischen den Polizei- und Zollbehörden regeln und die gesetzlichen Grundlagen in diesem Bereich konsolidieren[90]. Neben der polizeilichen Zusammenarbeit für den Informations- und Datenaustausch unter entsprechender Beachtung des Datenschutzes finden sich im Polizeivertrag weitere Formen der Kooperation, wie erlaubte Observation, Nacheile, kontrollierte Lieferung bestimmter Gegenstände und Bestimmungen über die verdeckte Ermittlung. Der Vertrag selbst greift allerdings nicht in die bestehende Kompetenzverteilung zwischen den Justiz- und Polizei-

---

[87] Vgl. hiezu EICKER, S. 227, der feststellt, dass trotz Art. 54 SDÜ selbst innerhalb von Europa Doppelverfolgungen und Doppelbestrafungen nicht auszuschliessen sind. In diesem Sinne folgert der Autor zurecht, dass eine Internationalisierung des ne bis in idem Grundsatzes rechtlich geboten scheint und deshalb weiter über Möglichkeiten der Internationalisierung des Art. 54 SDÜ nachzudenken ist. Vorschläge, um die noch vorhandenen Lücken von Art. 54 SDÜ zu schliessen, finden sich bei EICKER auf S. 292 ff.
[88] SR 0.360.136.1 (AS 2003 1026).
[89] Die Schweiz konnte als nicht EU-Mitglied diesem Übereinkommen nicht beitreten, vgl. im Übrigen SCHAFFHAUSER AJP, S. 534.
[90] Vgl. BBl 2000 S. 864.

behörden ein. Ausgeschlossen ist die Zusammenarbeit bei politischen, militärischen und fiskalischen Delikten[91].

Der Polizeivertrag ist eingeteilt in sieben Kapitel: Präambel, Abstimmung in grundsätzlichen Sicherheitsfragen (Kapitel I; Art. 1-2), allgemeine Zusammenarbeit der Polizeibehörden (Kapitel II; Art. 3-13), besondere Formen der Zusammenarbeit (Kapitel III; Art. 14-25), Datenschutz (Kapitel IV; Art. 26-28), Rechtsverhältnisse bei Amtshandlungen im anderen Vertragsstaat (Kapitel V; Art. 29-33), Zuwiderhandlungen gegen Vorschriften des Strassenverkehrs (Kapitel VI; Art. 34-41) und Durchführungs- und Schlussbestimmungen (Kapitel VII; Art. 42-50).

3.8.2. Widerhandlungen gegen die Strassenverkehrsordnung nach dem Schweizerisch-deutschen Polizeivertrag (Art. 34-41)

Für die vorliegende Thematik zentral sind Art. 34 bis 41 des sechsten Kapitels. Hier werden 'Zuwiderhandlungen gegen Vorschriften des Strassenverkehrs' geregelt. Dies sollte im Grunde genommen dazu führen, dass, je nachdem, ob Strassenverkehrswiderhandlungen betroffen sind oder nicht, die Spezialregelungen dieses Kapitels oder dann die allgemeine Regelung des Vertrages Anwendung finden[92]. Das Kapitel beinhaltet im Wesentlichen Vorschriften über die Definition der Zuwiderhandlung nach Art. 34, Mitteilungen aus dem Fahrzeugregister und Nachermittlungen nach Art. 35, den Inhalt der zugestellten Schriftstücke nach Art. 36, die Voraussetzungen eines Vollstreckungshilfeersuchens nach Art. 37, Umfang und Voraussetzungen der Vollstreckung nach Art. 38, Unmittelbarkeit der Vollstreckung nach Art. 39, die sich daraus ergebenden Kosten nach Art. 40 und die zuständigen Behörden nach Art. 41 des Polizeivertrages. Die meisten Bestimmungen entsprechen der Regelung, welche die Schengener Staaten untereinander vereinbart haben[93].

Der Polizeivertrag ist am 1. März 2002 teilweise in Kraft getreten. Nach Art. 50 Abs. 1 sind Art. 6 und Art. 8 Absatz 2 sowie das interessierende Kapitel VI davon ausgenommen. Diese sollen zu einem Zeitpunkt in Kraft treten, den die Vertragsstaaten durch Notenwechsel vereinbaren. Dies ist bislang – nach über 3 Jahren – nicht geschehen. Lediglich Art. 35 Absatz 2

---

[91] Eine analoge Bestimmung findet sich in Art. 3 IRSG.
[92] BBl 2000, S. 892.
[93] BBl 2000, S. 892.

bis 7 (Mitteilungen aus dem Fahrzeugregister, Nachermittlungen) werden vorläufig angewendet.

3.8.3. Das Vollstreckungsverfahren von Geldbussen (Art. 37 ff.)

Auch wenn die Vollstreckungsnormen (noch) nicht in Kraft getreten sind, sei an dieser Stelle kurz auf die relevanten Bestimmungen über die Vollstreckungsvoraussetzungen von Geldbussen nach Art. 37 ff. hingewiesen. Auf Ersuchen leisten die Vertragsstaaten einander Vollstreckungshilfe bei Entscheidungen, mit denen das zuständige Gericht oder die zuständige Verwaltungsbehörde eines der Vertragsstaaten eine Zuwiderhandlung gegen Vorschriften des Strassenverkehrs feststellt und deswegen eine Sanktion verhängt, wenn folgende Voraussetzungen vorliegen (Art. 37 Abs. 1):

a)   Die verhängte Sanktion beträgt mindestens 40 EURO oder 70 Schweizer Franken;

b)   dem Betroffenen wurde ausreichend rechtliches Gehör gewährt;

c)   gegen die Entscheidung konnten Rechtsmittel eingelegt werden;

d)   das Ersuchen beschränkt sich auf die Vollstreckung eines Geldbetrages;

e)   die Entscheidung ist nach dem Recht des ersuchenden Staates vollstreckbar und nicht verjährt;

f)   die zuständigen Behörden des ersuchenden Vertragsstaates haben die betroffene Person erfolglos ersucht, die verhängte Sanktion zu entrichten;

g)   die betroffene Person hat im Hoheitsgebiet des ersuchten Vertragsstaates ihren Wohnsitz oder Aufenthalt.

Nach Abs. 2 wird das Recht des ersuchten Staates auf die Vollstreckung selbst angewandt. Erweist sich die Vollstreckung als ganz oder teilweise unmöglich, kann im ersuchten Staat eine Ersatzfreiheitsstrafe oder Erzwingungshaft angeordnet werden[94]. Die Möglichkeit der genannten Vollstreckungshilfe erstreckt sich ausschliesslich auf Zuwiderhandlungen und Übertretungen. Bei Vergehen und Verbrechen in der Schweiz bzw. Straftaten in Deutschland wird ausdrücklich die Exequaturentscheidung nach Art. 39 Abs. 2 vorbehalten. Hierbei prüft der Richter, ob die Vollstreckungsvoraussetzungen tatsächlich gegeben sind[95]. Wird dies bejaht, erklärt er in einem begründeten Urteil den Entscheid für vollstreckbar. Die Exequatur soll Gewähr dafür bieten, dass keine Urteile vollstreckt werden, die mit der entsprechenden Rechtsordnung nicht vereinbar wären[96].

---

[94] In der Schweiz ist die Umwandlung von Busse in Haft in Art. 49 Ziff. 3 StGB geregelt.
[95] Das Verfahren in der Schweiz richtet sich nach Art. 105 und Art. 106 IRSG.
[96] BBI 2000, S. 895.

Die Regelung und die Voraussetzungen scheinen soweit klar und zeigen neben einer Vereinfachung des Verfahrens auch klarere Konsequenzen von Verkehrsregelverstössen im benachbarten Ausland auf[97]. Trotzdem wirft die Regelung auch verschiedene Probleme auf. So gibt das Übereinkommen keine Antwort darauf, was mit Bussen zu geschehen hat, welche unter dem erwähnten Limit von 40 Euro bzw. 70 Franken liegen. Soll hier wiederum jedes Land seine eigene Praxis anwenden und „willkürlich" vorgehen dürfen[98]? Wird mit Limiten bei der Sanktion gearbeitet, so sollte einerseits – um auch der Rechtssicherheit genüge zu tun – ebenfalls statuiert werden, was mit Bussen unter den genannten Beträgen zu geschehen hat, und ob sie – allenfalls im eigenen Land – verfolgt werden sollen oder nicht. Andererseits sorgt die Limite von 40 Euro, welche in etwa 70 Franken entspricht, für grobe Ungleichheiten. Wie bereits unter Ziff. 2.4. aufgezeigt, divergieren die Bussen für dieselben Verkehrswiderhandlungen zwischen Deutschland und der Schweiz erheblich. So kann es vorkommen, dass für ein und denselben Verkehrsregelverstoss, je nachdem ob er in Deutschland oder der Schweiz begangen wurde, entweder Vollstreckungshilfe gewährt werden würde oder eben nicht. Während die Schweizer durchwegs gut mit der entsprechenden Bestimmung bedient wären, da die Bussen hier um ein Vielfaches höher sind bzw. die deutschen Ordnungswidrigkeiten vergleichsweise milde geahndet werden, müssten im Falle eines Inkrafttretens die deutschen Verkehrsdelinquenten vermehrt mit Vollstreckungsgesuchen rechnen[99]. Ob sich diese Ungleichbehandlung rechtfertigt, scheint mehr als fraglich zu sein.

Die Kosten für die Vollstreckung werden nach Art. 40 des Polizeivertrages dem ersuchenden Staat nicht in Rechnung gestellt. Dafür aber fliesst der Erlös aus der Vollstreckung und die in der Entscheidung festgesetzten Kosten dem ersuchten Staat zu. In dieser Regelung soll die Vereinfachung des administrativen Aufwandes zum Ausdruck kommen. Weiter soll damit der ersuchte Staat einen zusätzlichen Ansporn erhalten, die Busse auch tatsächlich zu vollstrecken[100]. Die für die Vollstreckung zuständigen Behörden werden in Art. 41 geregelt. Demnach sollen im Falle eines Inkraft-

---

[97] Zu den Ablehnungsgründen vgl. Art. 3 des Polizeivertrages, wonach die Vollstreckung verweigert werden kann, wenn Zuwiderhandlung nach dem Recht des ersuchten Vertragsstaates nicht als Zuwiderhandlung geahndet werden kann, die Erledigung gegen den Grundsatz „ne bis in idem" verstösst oder aber die Vollstreckungsverjährung nach dem Recht des ersuchten Vertragsstaates eingetreten ist.
[98] Vgl. zur genannten Problematik nachfolgend Kap. 4.
[99] Im selben Sinne auch SCHAFFHAUSER AJP, S. 537/538.
[100] Vgl. BBl 2000, S. 895.

tretens nach lit. c von Art. 41 Listen ausgetauscht werden, in welchen unter anderem die für die Vollstreckung zuständigen Behörden benannt werden[101].

3.8.4. Das Mitteilungsverfahren (Art. 35)

Art. 35 des Polizeivertrages regelt und vereinfacht das Mitteilungsverfahren zwischen den beiden Vertragsstaaten. Im Wesentlichen handelt es sich hierbei um Spezialbestimmungen zu den Artikeln 9 (Austausch von Fahrzeug- und Halterdaten) und 26 ff. (Datenschutz) des Polizeivertrages. Diese Norm soll primär eine administrative Vereinfachung darstellen[102]. Das schweizerische Fahrzeug- und Fahrzeughalterregister (MOFIS) enthält allerdings nicht alle in Abs. 3 genannten Kriterien (vgl. Art 104a SVG, wonach keine Ordens- und Künstlernamen enthalten sind). Gemäss Abs. 3 kann das Anfrage- und Auskunftsverfahren via E-Mail, Disketten oder Magnetbändern sowie File Transfer zwischen den zentralen Registerbehörden Deutschlands (Kraftfahrt-Bundesamt) und der Schweiz (Bundesamt für Polizeiwesen) durchgeführt werden. Die technische Umsetzung des einfachen Datenaustausches wurde bis März/April 2005 teilweise vollzogen.

3.8.5. Die Zustellung von gerichtlichen und anderen behördlichen Schriftstücken (Art. 12)

Mit dieser Bestimmung soll das Verfahren bei der Übermittlung behördlicher Schriftstücke vereinfacht werden[103]. Art. 12 des Polizeivertrages ist mit Vertragsunterzeichnung in Kraft getreten. Es werden allerdings nur behördliche Schriftstücke darunter fallen, die nicht in den Rechtshilfebereich fallen. Nur solche können erleichtert zugestellt werden.

Aufgrund der Aufnahme dieser Bestimmung mussten in der Schweiz in den Bereichen der Rechtshilfe, Auslieferung und Durchgangsrechte entsprechende Anpassungen vorgenommen werden. Die Änderungen wurden in separaten Vereinbarungen geregelt und sind am 8. Juli 1999 unterzeichnet worden.

---

[101] Für den Austausch zuständig sind das deutsche Bundesministerium des Innern und das Bundesamt für Polizeiwesen. Für die Vollstreckung würden in der Schweiz die jeweiligen kantonalen Strafprozessordnungen die zuständigen Behörden bezeichnen, vgl. BBl 2000, S. 895. Es kann davon ausgegangen werden, dass in Deutschland nach dem ähnlichen System die einzelnen Bussgeldbehörden für die Vollstreckung zuständig wären.

[102] BBl 2000, S. 893.

[103] BBl 2000, S. 879.

Es stellt sich nun die Frage, welche Schriftstücke nicht in den Rechtshilfe-bereich fallen. Wie bereits erwähnt, soll der direkte postalische Weg die Übermittlungsbehörden bei Bagatellfällen entlasten. Gemäss Art. 68 Abs. 1 IRSG können bereits heute Schriftstücke, um deren Zustellung eine schweizerische Behörde ersucht wird, durch einfache Übergabe an den Empfänger oder mit der Post zugestellt werden. Gemäss Art. 30 Abs. 2 der dazugehörigen Verordnung (IRSV) dürfen Schriftstücke in Strafsachen wegen Übertretungen von Strassenverkehrsvorschriften Empfängern in der Schweiz unmittelbar mit der Post zugestellt werden. Art. 30 Abs. 2 IRSV deckt sich deshalb mit der genannten Norm im Polizeivertrag.

Dies gilt allerdings ausdrücklich nur für Übertretungen, nicht jedoch für Vergehen und Verbrechen. Rechtshilfe wird nämlich nur unter Beachtung des Verhältnismässigkeitsprinzipes gewährt (vgl. Art. 4 IRSG). Daraus folgt, dass bei Bagatellfällen keine Rechtshilfe gewährt wird[104]. Doch was genau ist unter Bagatellfällen zu verstehen? Ein Ersuchen wird allgemein dann abgelehnt, wenn die Bedeutung der Tat die Durchführung des Verfahrens nicht rechtfertigt, so ausdrücklich Art. 4 IRSG. Nicht von der Rechtshilfe erfasst werden deshalb allgemein Übertretungen. Solche sollen nun durch die ausdrückliche gesetzliche Grundlage in Art. 12 des Polizeivertrages direkt postal zugestellt werden können, um einen unnötigen und unverhält-nismässigen Aufwand zu vermeiden. Demnach fallen sämtliche Bussen im Ordnungsbussenverfahren für die Rechtshilfe ausser Betracht, insbesonde-re die gesamte in Anhang 1 aufgeführte Bussenliste. Das Nichtmitführen des Führerausweises, Überschreiten der zulässigen Parkzeit oder das Überschreiten der signalisierten Höchstgeschwindigkeit – sofern es sich hierbei um „leichte" Geschwindigkeitsübertretungen handelt, die noch im Ordnungsbussenverfahren geahndet werden können[105] – können somit direkt postalisch zugestellt werden. Selbiges gilt für die Verfügungen, die in Deutschland Ordnungswidrigkeiten betreffen. Diese können ebenfalls postalisch zugestellt werden[106]. Damit ist jedoch erst die Frage der Zustellung beantwortet, eine andere, weitaus wichtigere Frage ist die Frage nach der möglichen Vollstreckbarkeit solcher Verfügungen auf fremdem Territorium.

---

[104] Popp, Rz. 402, S. 270.

[105] Innerorts bis 15 km/h, ausserorts bis 20 km/h und Autobahnen bis 25 km/h.

[106] Zur Zulassung der Zustellung eines Bussgeldbescheides in die Schweiz im vereinfach-ten Verfahren vgl. auch Becker, S. 300 Rz. 42.

3.9. Verfolgung mittels europäischen Übereinkommen

Am 8. Mai 2003[107] konnten sich die EU-Mitgliedstaaten zwar bereits über die gegenseitige Anerkennung und Vollstreckung von Bussen einigen, allerdings legten damals diverse Staaten einen Vorbehalt ein, welche mit dem neuerlich gefällten Rahmenbeschluss vom 24. Februar 2005 nun ausgeräumt wurden. Demnach werden inskünftig in EU-Mitgliedstaaten Straftaten und Ordnungswidrigkeiten grundsätzlich anerkannt und vollstreckt werden können. Ausnahmen von der Anerkennung bzw. Vollstreckung sind dann angezeigt, wenn bereits eine Entscheidung ergangen ist oder Grundrechte sowie rechtstaatliche Garantien verletzt wurden. Um Bagatellfälle zu vermeiden, gilt eine Grenze von 70 Euro. Erst ab diesem Betrag soll anerkannt und vollstreckt werden. Es wurde insbesondere hervorgehoben, dass der Rahmenbeschluss auch für Verkehrsstraftaten bzw. Ordnungswidrigkeiten gelte. Deshalb müssen Verkehrssünder künftig damit rechnen, dass ihre Bussen in allen EU-Staaten vollstreckt werden können. Die Mitgliedstaaten müssen diese Vorgaben nun innerhalb der nächsten 2 Jahre umgesetzt haben. Das Verhältnis zwischen der Schweiz und Deutschland wird der erwähnte Rahmenbeschluss angesichts der Tatsache, dass die Schweiz kein EU-Mitglied ist, vorerst nicht weiter betreffen.

Ein weiteres Instrument ist das Europäische Übereinkommen über die Ahndung von Zuwiderhandlungen im Strassenverkehr (EuStVÜbk) vom 30. Dezember 1964, welches am 18. Juli 1972 in Kraft getreten ist. Das Übereinkommen hat zum Ziel, Verstösse gegen Verkehrsregeln durch Angehörige eines Vertragsstaates auf dem Hoheitsgebiet eines anderen zu bekämpfen. Der Staat, in dem der Verstoss begangen wurde, kann vom Staat, in dem der Straffällige Wohnsitz hat, die Übernahme der Strafverfolgung, die Verurteilung oder den Strafvollzug verlangen. Das Übereinkommen ist allerdings von der Bundesrepublik Deutschland bislang nicht ratifiziert worden (nur unterzeichnet), weshalb auch dieses Übereinkommen keine Lösung im Bereich der Anerkennung und Vollstreckung von Bussen zwischen der Schweiz und Deutschland bringt. Auch die Schweiz interessierte sich zwar für das Übereinkommen im letzten Jahr, musste aber eingestehen, dass in der Ratifikation des Übereinkommens in naher Zukunft juristische, politische oder praktische Probleme auftreten könnten[108].

---

[107] Dokument-Nr. 8889/03, abrufbar unter http://register.consilium.eu.int/.
[108] Vgl. hiezu „Achter Bericht über die Schweiz und die Konventionen des Europarates", vom 26. Mai 2004 in BBI Nr. 27 vom 13. Juli 2004, S. 3809 ff.

4. Konsequenzen von grenzüberschreitenden Strassenverkehrsübertretungen

4.1. Die Problematik der Vollstreckung

Im folgenden Kapitel wird die praktische Umsetzung der genannten rechtlichen Normen erläutert. Rechtskräftige Entscheidungen von Verwaltungsbehörden oder sonstigen Gerichten, welche mit Verkehrsstrafrecht zu tun haben, können, wie bereits erwähnt, mangels rechtlicher Grundlage in den beiden Ländern gegenseitig nicht vollstreckt werden. Es gibt zwischen der Schweiz und Deutschland keine Vollstreckungshilfevereinbarung für Bussgeld- und Verwaltungssachen. Hier würde der Schweizerisch-deutsche Polizeivertrag Abhilfe schaffen, dessen Artikel 37 ff. jedoch bislang nicht in Kraft getreten sind. Solange dies nicht der Fall ist, stellt sich die Frage, wie sich die Behörden bei entsprechenden Verkehrswidrigkeiten verhalten sollen, denn rechtskräftige Bussgeldbescheide oder Ordnungswidrigkeitensachen können jedenfalls derzeit grundsätzlich nur im Tatortland vollstreckt werden.

4.2. Die Praxis der schweizerischen Behörden

Das Strafprozessrecht in der Schweiz ist nach wie vor kantonal geregelt. Zwar besagt Art. 123 BV, dass die Gesetzgebung auf dem Gebiet des Strafrechts und Strafprozessrechts Sache des Bundes ist. Es handelt sich hierbei jedoch um eine konkurrierende Kompetenz. Die Kantone bleiben mithin weiterhin zuständig, solange der Bund nicht legiferiert[109]. Die eidgenössische Strafprozessordnung, welche eine Vereinheitlichung der einzelnen Normen garantieren soll, lässt weiter auf sich warten, weshalb wir nach wie vor 26 verschiedene kantonale Strafverfahrensgesetze unterscheiden. Aufgrund dieser Tatsache bleibt es den einzelnen Kantonen überlassen, ihre Vorgehensweisen bei Übertretungstatbeständen selbst zu regeln. Dabei gibt es grosse kantonale Unterschiede zu verzeichnen. Es sollen im Folgenden die Verfahren einiger ausgewählter Kantone aufgezeigt werden.

Im Kanton **St. Gallen** besteht die Praxis, dass Bussen im Ordnungsbussenverfahren ab 100 Franken nach Deutschland direkt an den Halter geschickt

---

[109] VEST, N 10 zu Art. 123, S. 1273.

werden (gestützt auf Art. 12 des Polizeivertrages). Entsprechende Halter-
anfragen richten die Behörden gestützt auf Art. 9 des erwähnten Vertrages
an das deutsche Kraftfahrt-Bundesamt Flensburg. Bussen unter diesem
Betrag werden nicht weiter verfolgt. In St. Gallen werden Parkbussen bei
Deutschen ganz allgemein nicht weiter im Ausland verfolgt. Bezahlt der
deutsche Lenker bei anderen Bussen den Betrag nicht, so wird die Busse
nicht weiter verfolgt. Allerdings müssen chronische Falschparkierer und
Autolenker, welche sich weigern Verkehrsbussen zu bezahlen, mit Wegfahrsperren[110] rechnen, wobei die Höhe der Busse keine Rolle spielt. Eine
Ausschreibung erfolgt in diesen Fällen jedoch nicht[111].

Die Stadtpolizei **Zürich** hingegen verfolgt bis dato Verstösse im Übertretungsbereich bzw. im Ordnungsbussenverfahren bei deutschen Staatsbür-
gern nicht weiter, da der Halteraustausch von Deutschland bei Übertretungen nicht ganz leicht sei. Allerdings führt die Stadtpolizei in Zürich sog.
„Radschuhlisten". Auf dieser Radschuhliste werden festgestellte ausländischer Verkehrsregelverletzungen und die betreffenden Fahrzeugkennzeichen eingetragen[112]. Wird ein registriertes Fahrzeug in der Stadt Zürich im
ruhenden Verkehr erneut festgestellt, wird es mit einer Wegfahrsperre, dem
sog. „Radschuh", blockiert. Der Lenker hat sich sodann bei der örtlichen
Polizei zu melden, worauf das Ordnungsbussenverfahren, insbesondere
Art. 9 OBG, greift. Allerdings gilt dies nur für die Stadt Zürich. In Winterthur
werden beispielsweise bis dato Bussen auch im Übertretungsbereich nach
Deutschland geschickt, sofern der Lenker bekannt ist. Auch hier gibt es die
Praxis von Radschuhlisten, auf die ein Fahrer gesetzt wird, dessen Bussen
den Betrag von 100 Franken übersteigen.

In **Graubünden** wird der Automobilist direkt angeschrieben und bei Nichtbezahlung nach 45 Tagen noch einmal. Rund 70 % - 80 % der Halter
bezahlen die Busse. Weitere Massnahmen werden im Kanton Graubünden
aufgrund des Verhältnismässigkeitsprinzips nicht ergriffen.

Strenger ist die Praxis im Kanton **Glarus**. Hier wird jede Busse dem fehlbaren Lenker direkt zugestellt. Bezahlt der Lenker nicht, erfolgt eine Verzeigung an das entsprechende Gericht. Bei nicht zustellbaren Bussen erfolgt

---

[110] In St. Gallen werden die Wegfahrsperren „Hemmschuhe" genannt.
[111] Es gilt ganz allgemein festzuhalten, dass Ausweisungen bzw. Nichtverlängerungen von
Niederlassungs- und Aufenthaltsbewilligungen Ausländer nur zu befürchten haben, wenn
sie Verbrechen und Vergehen begehen, vgl. hiezu Art. 10 ANAG.
[112] Die genauen Kriterien für die Eintragung in die sog. Radschuhliste wollte die Stadtpolizei Zürich auf Anfrage nicht preisgeben.

eine Ausschreibung im RIPOL[113] zur Aufenthaltsnachforschung. Reagiert der Lenker aufgrund der gerichtlichen Bussenverfügung immer noch nicht, nimmt das Gericht eine Bussenumwandlung (1 Tag Haft pro 30 Franken Busse) vor. Das Gericht stellt dem Betroffenen nochmals eine Verfügung mit entsprechendem Hinweis zu. Bleibt er weiterhin untätig, so erfolgt eine Ausschreibung im RIPOL durch die Kantonspolizei Glarus im Auftrag der Gerichtsbehörde zur Verhaftung mit Option der Zahlung der Busse an Ort und Stelle bei Antreffen in der Schweiz. Das Verfahren kennt hier keine Bussenlimite.

Ähnlich gelagert ist das Verfahren im Kanton **Basel-Landschaft**. Vorab wird der Fahrzeughalter via Kraftfahrt-Bundesamt Flensburg ermittelt. Anschliessend wird dem Fahrzeughalter per Post eine Übertretungsanzeige mit einem im Formular integrierten Einzahlungsschein gesandt. Bei Nichtbezahlen der Busse oder Nichtreagieren leitet die Polizei das ordentliche Verfahren mittels Verzeigung an das zuständige Statthalteramt ein. Dieses eröffnet ein Strafverfahren und schliesst das Verfahren – sofern die Voraussetzungen erfüllt sind – mittels Strafbefehl ab. Verkehrssündern, denen der entsprechende Strafbefehl nicht zugestellt werden kann oder die auf diesen nicht reagieren, wird das Urteil im Kantonalen Amtsblatt öffentlich publiziert und gleichzeitig wird der fehlbare Lenker im RIPOL ausgeschrieben und dieser bei Antreffen in der Schweiz wiederum angehalten. Die Parkprobleme sind hier von geringerer Natur, weshalb nur selten Wegfahrsperren montiert werden. Entscheidend für die Montage ist nicht der Bussenbetrag, sondern der Umstand des Falschparkierens. Da ausländische Falschparkierer fast ausschliesslich „Grenzgänger" sind, welche in der Schweiz arbeiten, stellt das Bezahlen von Parkbussen kein Problem dar. Ausländerlisten gibt es hier dementsprechend nicht.

Der Kanton **Appenzell-Innerrhoden** verschickt Ordnungsbussen erst ab einem Betrage von 40 Franken ins benachbarte Deutschland. Wird die Busse nicht bezahlt, werden die Halterdaten während zwei weiteren Jahren im internen System registriert. Wird das Fahrzeug erneut angetroffen, wird eine Sicherheitsleistung verlangt, allerdings werden Wegfahrsperren bei kleineren Übertretungen, insbesondere im Parkbereich, nicht montiert (erst bei grösseren Verkehrsregelverletzungen wie beispielsweise bei Verursachen eines Parkschadens etc.). Es gibt hier keine internen Weisungen, sondern es wird von Fall zu Fall entschieden.

---

[113] Vgl. hierzu auch Art. 19 lit. c RIPOL, wonach Übertretungen nach Ablauf eines Jahres gelöscht werden.

Im Kanton **Schaffhausen** wird der Fall nach erfolgloser Sendung der Busse an den Halter nach Deutschland dem Gericht übertragen. Dieses stellt die entsprechende Verfügung dem Angeschuldigten erneut zu. Zugleich wird er im RIPOL ausgeschrieben. Bezahlt er immer noch nicht, wird ebenfalls eine Bussenumwandlung vorgenommen und dem am Zoll angetroffenen Lenker die Wahl zwischen Bezahlen der Busse oder entsprechender Gefängnisstrafe überlassen. Es werden zwar Listen mit nichtbezahlenden Ausländern geführt, Wegfahrsperren werden allerdings nur bei notorischen Falschparkierern bzw. Schnellfahrern montiert.

Der Kanton **Basel-Stadt** setzt die Halter bei Verkehrsübertretungen auf eine sog. „Ausländerliste". Ab Bussen über 150 Franken muss der Fahrzeughalter, wird sein Fahrzeug im ruhenden Verkehr kontrolliert, mit einer Wegfahrsperre, den sog. „Sheriff-Klammern", rechnen. Nach Bezahlung eines Depositums bzw. der Busse kann der entsprechende Halter weiterfahren. Da auch der Kanton Basel-Stadt viele Grenzgänger aufweist, werden bei Bussen von grenznah wohnenden Deutschen ab 150 Franken dem Zollamt gemeldet, das die Busse bei erneuter Einreise sicherstellt.

Auch im Kanton **Bern** werden Daten von ausländischen Verkehrssündern gesammelt und intern registriert. Wenn mehrere Ordnungsbussen den Betrag von 300 Franken übersteigen, kommt das Fahrzeug auf eine sog. Ausländerliste. Stellt eine Patrouille der Polizei ein solches Fahrzeug erneut fest, wird dieses blockiert, und der Fahrzeuglenker muss sich bei der Polizei melden[114]. Im Übertretungsbereich werden allerdings bis dato keine Bussen ins Ausland geschickt, da das gesamte Verfahren unverhältnismässig sei.

Wie unschwer zu erkennen ist, führen die verschiedenen Vorgehensweisen der kantonalen Behörden zu grossen Ungleichgewichten, nicht gerechtfertigten Unterschieden und Rechtsunsicherheiten innerhalb der Schweiz für fehlbare ausländische Verkehrssünder. Hier nun eine schematische Übersicht über die erwähnten kantonalen Vorgehen, wobei anzumerken bleibt, dass angesichts der Vielfalt es gar innerkantonal unterschiedliche Vorgehensweisen der Polizei gibt, so beispielsweise im Kanton Zürich.

---

[114] Gestützt wird dieses Vorgehen nebst internen Weisungen auch auf Art. 172 Abs. 2 Ziff. 2 des bernischen Strafverfahrens: Handelt es sich bei der in Frage stehenden strafbaren Handlung um eine Übertretung, ist das Verbringen auf den Polizeiposten nur zulässig, wenn Angehaltene keinen Wohnsitz im Kanton Bern haben und für den Vollzug des zu erwartenden Urteils keine genügende Sicherheit leisten.

Kanton	Zustellung der Busse nach Deutschland?	Weiterverfolgung der Busse bei Nichtbezahlung?	Besonderes
Aargau	Erst ab Fr. 70.--	Ja. Versuch der Vollstreckung via Deutschland	Anwendung des Polizeivertrages
Appenzell-Innerrhoden	Ab Fr. 40.--	Registrierung der Daten während 2 Jahren.	
Basel-Landschaft	Ja	Ja. Ausschreibung im RIPOL	Der Fall wird dem Statthalteramt übergeben
Basel-Stadt	Ja	Ja. Ausschreibung im RIPOL Ab Fr. 150.-- Wegfahrsperren	Der Fall wird dem Statthalteramt übergeben.
Bern	Nein	Ab Fr. 300.-- Wegfahrsperren	
Glarus	Ja	Ja. Ausschreibung im RIPOL	Der Fall wird dem Gericht übergeben, welches notfalls in Abwesenheit des Fehlbaren entscheidet
Graubünden	Ja	Zweite Zustellung nach 45 Tagen, dann Einstellung.	
St. Gallen	Erst ab Fr. 100.--	Nein. Wegfahrsperren bei notorischen Falschparkierern	Parkbussen werden im Ausland nicht weiter verfolgt
Genf	Ja	Ja. Ausschreibung im RIPOL	
Schwyz	Nein		
Stadt Zürich	Nein	Wegfahrsperren: Betrag nicht genannt	

Die Tabelle zeigt nochmals eindrücklich, wie verschieden die einzelnen Verfahren in den jeweiligen Kantonen gehandhabt werden. Für solch eine unterschiedliche Handhabung gibt es wohl kaum eine Rechtfertigung, weshalb sich die schweizerischen Behörden überlegen sollten, diese Praxis – auch der Rechtssicherheit wegen – zu vereinheitlichen.

4.3. Das Vorgehen der deutschen Behörden

Bei Verkehrsordnungswidrigkeiten, die mit einer Geldbusse ab 40 Euro geahndet werden, oder der Betroffene den Verstoss nicht zugibt oder mit der Verwarnung nicht einverstanden ist, stellt die Polizei einen Verstoss fest. Ist der Betroffene anwesend, erhebt die Polizei vom Ausländer direkt die festgelegte Geldbusse, sofern die Voraussetzungen für ein „nichtförmliches Verfahren" gegeben sind. Die Verwaltungsbehörde erhält anschliessend Mitteilung über das abgeschlossene Verfahren. Liegen die Voraussetzungen für ein „förmliches Verfahren" vor und hat die Polizei den betroffenen Fahrzeugführer vor Ort festgestellt, wird die zu erwartende Geldbusse in Form einer Sicherheitsleistung (Kaution) zuzüglich einer Verwaltungsgebühr direkt erhoben[115]. Danach wird das Verfahren an die zuständige Verwaltungsbehörde weitergeleitet. Diese schliesst das Verfahren ab oder leitet es, sofern Einsprüche bestehen an das Gericht weiter.

Wird der Fahrzeugführer nicht angetroffen (beispielsweise bei einem Parkverstoss oder einer Geschwindigkeitsüberwachung), wird die Verfolgung grundsätzlich von der Verwaltungsbehörde durchgeführt. Im Fall eines Verstosses durch schweizerische Fahrzeugführer wird der Bussgeldbescheid nach Art. 12 des Schweizerisch-deutschen Polizeivertrages direkt an den Betroffenen in die Schweiz zugestellt. Die weiteren Folgen unterscheiden sich von den einzelnen Landkreisen. Es soll hier die Praxis einiger grenznaher Landkreise aufgezählt werden.

Konstanz/Singen verschickt den Bussgeldbescheid direkt dem Schweizer Halter. Bezahlt dieser nicht, wird grundsätzlich nichts weiter unternommen. Eine Mitteilung an den Zoll und eine entsprechende Zollausschreibung erfolgt nur, wenn der Schweizer Bürger mehrfach straffällig geworden ist. Bei Parkverstössen werden in Konstanz/Singen nie Wegfahrsperren montiert.

Im Bereich **Waldshut/Tiengen** wird der Bussgeldbescheid ebenfalls direkt dem Schweizer Bürger verschickt mit dem Hinweis, dass bei Nichtbezahlung eine Mitteilung an die zuständige Schweizer Behörde und eine weitere an das deutsche Kraftfahrt-Bundesamt in Flensburg erfolge. Aufgrund dieses Hinweises werden die meisten Bussen beglichen[116]. Ab einer be-

---

[115] Gestützt wird dies auf § 132 StPO DE sowie § 46 Abs. 1 OWiG.
[116] Allerdings bleibt festzuhalten, dass die Busse in der Schweiz nicht vollstreckt werden könnte, vgl. u.a. Ziff. 3.7.2.

stimmten Bussgeldhöhe erfolgt eine Mitteilung an den Zoll. Dort wird der Vorgang im EDV-System des Zolles gespeichert. Natürlich unterliegt es hier dem Zufallsprinzip, ob jemand beim Grenzübertritt festgehalten wird oder nicht, hinzu kommt die bereits erwähnte Problematik der Vollstreckungsverjährung. Weitaus effektiver sind Laserpistolen, bei denen der Schweizer Lenker an Ort und Stelle angehalten wird und zur Leistung einer Sicherheit angehalten wird. Aus diesem Grund setzt Waldshut/Tiengen vermehrt darauf. Im ruhenden Verkehr, primär bei Parkverstössen, werden jedoch nie Wegfahrsperren zur Sicherstellung des Fahrzeugs bzw. der Busse montiert.

In **Breisgau/Hochschwarzwald** gilt folgende Praxis: Bei Parkverstössen von Schweizer Bürgern erfolgt ein Amtshilfeersuchen an das zuständige schweizerische Polizeikommando, jedoch nur dann, wenn es sich um eine Busse von 40 Euro und mehr handelt. Der Halter wird in der Folge direkt von der schweizerischen Behörde angeschrieben. Der überwiegende Teil der Verkehrssünder bezahlt die Busse. Die Daten der nichtzahlenden Halter werden für vier Monate gespeichert, weshalb in der Praxis auch keine Wegfahrsperren montiert werden. Bei Nichtbezahlen der Busse werden die Fälle angesichts des nicht mehr verhältnismässigen Aufwandes eingestellt. Informationen an die Zollbehörden erfolgen hierbei nicht.

Im **bayerischen Polizeiverwaltungsamt** erlässt die Zentrale Bussgeldstelle zur Ahndung einer Verkehrsordnungswidrigkeit einen Bussgeldbescheid. Dieser wird, wenn es sich um einen Schweizer Bürger handelt, diesem per Einschreiben in die Schweiz zugestellt. Wird er am Tattag angehalten, wird in der Regel eine Sicherheitsleistung erhoben. Dies ergibt sich aus § 132 StPO DE. Danach kann die Sicherheitsleistung erhoben werden, wenn der Betroffene keinen festen Wohnsitz im Inland hat[117]. Die erhobene Sicherheitsleistung wird dann auf die spätere Bussgeldforderung angerechnet. In diesem Zusammenhang hat der Betroffene auch die Möglichkeit einen inländischen Zustellungsbevollmächtigten anzugeben. In diesem Fall würde die Zustellung des Bussgeldbescheides an diesen erfolgen. Nimmt der Betroffene die Verwarnung nicht an (Minderzahlung, verspätete Zahlung, keine Zahlung), ergeht in der Regel ein förmlicher Bussgeldbescheid.

---

[117] Die Vorschrift hat zum Zweck, die Strafverfolgung und -vollstreckung gegen Personen sicherzustellen, die keinen festen Wohnsitz oder Aufenthalt in Deutschland haben, sicherzustellen. Voraussetzung ist allerdings, dass es sich bei der zu erwartenden Sanktion um eine Geldstrafe handelt, vgl. hiezu BOUJOUNG, Kommentar zu § 132 StPO, Rz. 1, S. 744.

In diesem werden neben der Geldbusse auch die gesetzlich vorgeschriebenen Gebühren und Auslagen festgesetzt. Für den Bussgeldbescheid gilt das oben Ausgeführte. Die Halterdaten werden dabei über den jeweiligen Schweizer Kanton ermittelt. Vor Erlass des Bussgeldbescheides erhält der Betroffene in der Regel einen Anhörbogen. Dadurch erhält er Gelegenheit, sich zum Vorwurf zu äussern. Eine Einstellung des Vorgangs, allein aufgrund der Tatsache, dass es sich um einen Schweizer Verkehrsteilnehmer handelt, erfolgt nicht. Im Einzelfall kann allerdings eine Einstellung angebracht sein, wenn der erforderliche Ermittlungsaufwand im Vergleich zur Schwere des Verstosses unverhältnismässig ist. Eine Vollstreckung der Geldbusse in der Schweiz ist derzeit mangels zwischenstaatlicher Abkommen nicht möglich[118].

Eine gewisse Unsicherheit diesbezüglich – wie wir sie in der Schweiz kennen – ist auch hier nicht von der Hand zu weisen. Indessen scheinen die Vorgehensweisen der deutschen Behörden einheitlicher wie die schweizerischen zu sein. Dennoch würde die Inkraftsetzung des Polizeivertrages die bestehenden Rechtsunsicherheiten beseitigen und eine einheitliche Lösung sowohl für die schweizerischen wie auch deutschen Behörden garantieren.

4.4. Besondere Verfahrensregeln

4.4.1. Grundsatz: Lediglich Bestrafung des fehlbaren Lenkers

Die Verletzung einer allgemeinen Verkehrsregel, wie z.B. das Fahren mit übersetzter Geschwindigkeit[119], wird in der **Schweiz** auf Grund der Strafbestimmung des Art. 90 SVG geahndet. Nach dieser Norm macht sich jeder Strassenbenützer strafbar, der durch sein Verhalten eine Verkehrsregel verletzt. Ausser dem Täter sind auch Teilnehmer im Sinne der Art. 24 und 25 StGB strafbar (Art. 102 Ziff. 1 SVG), soweit nicht die besonderen Bestimmungen des SVG über die strafrechtliche Verantwortlichkeit des Arbeitgebers oder Vorgesetzten des Fahrzeugführers und der Begleiter von Fahrschülern Anwendung finden (Art. 100 Ziff. 2 und 3 SVG)[120].

---

[118] Ein Fahrverbot wird übrigens dadurch vollstreckt, dass der betroffene Lenker seinen Führerschein an die Zentrale Bussgeldstelle übersendet. Hier wird das Fahrverbot, das lediglich für das deutsche Staatsgebiet gilt (ausser der Führerschein würde zugleich in der Schweiz entzogen werden), lediglich für das deutsche Staatsgebiet eingetragen und der Führerschein dem Betroffenen zurückgesandt.
[119] Vgl. Art. 32 SVG.
[120] So in BGE 102 IV 257 E. 2.

Es ist deshalb unzulässig, den Motorfahrzeug*halter* für eine Verkehrsregelverletzung des Fahrzeug*lenkers* nur deshalb zu bestrafen, weil die Person des Lenkers unbekannt ist. Den Halter eines Motorfahrzeugs in Fällen geringfügiger Verkehrsübertretungen zur Rechenschaft zu ziehen ist auch dann unzulässig, wenn dieser einwendet, nicht selbst gefahren zu sein, die Verantwortung nicht übernehmen will und den Namen des fehlbaren Lenkers nicht bekannt gibt. Auch der enorme administrative bzw. polizeiliche Aufwand, Nachforschungen zu betreiben, um den Fahrer zu ermitteln, die womöglich noch erfolglos verlaufen, ist diesbezüglich unbeachtlich und kann nicht zu einer Bestrafung des Halters in der Schweiz führen[121].

Für die Bestrafung des Halters ist eine ausdrückliche gesetzliche Grundlage erforderlich. Die besonderen Pflichten der Halter und ihre strafrechtliche Verantwortlichkeit für Widerhandlungen anderer Lenker ihres Fahrzeuges werden im SVG und in den dazu gehörenden Verordnungen einzeln umschrieben und abschliessend geregelt. So macht sich der Halter strafbar, wenn er ein Fahrzeug Dritten überlässt, obschon es sich in nicht betriebssicherem Zustand befindet[122], oder der Dritte keinen Führerausweis besitzt[123], ferner wenn er ein Fahrzeug ohne Fahrzeugausweis, Kontrollschilder oder ohne Haftpflichtversicherung oder ohne die für die Fahrt erforderliche Bewilligung usw. benützen lässt[124]. Das SVG enthält aber keine Norm, die den Halter für die von einem andern Lenker begangene Verletzung einer der im 3. Titel aufgestellten allgemeinen Verkehrsregeln[125] generell mitverantwortlich erklärt. Ebenso wenig ermächtigt das SVG den Richter, für solche Übertretungen, seien sie auch geringfügiger Art, den Motorfahrzeughalter anstelle des Fahrzeuglenkers strafrechtlich zur Rechenschaft zu ziehen, wenn der Halter seine Täterschaft bestreitet und den Namen des wirklichen Lenkers nicht bekannt gibt[126].

Die Haltereigenschaft als solche kann deshalb niemals zu einer Verurteilung selbst führen, dient aber als Indiz für eine begangene Regelverletzung,

---

[121] BGE 102 IV 256.
[122] Art. 93 Ziff. 2 Abs. 2.
[123] Art. 95 Ziff. 1 Abs. 3.
[124] Art. 96 Ziff. 3.
[125] Vgl. Art. 26–57 SVG.
[126] Vgl. BGer 1P.684/2001 vom 3. Juni 2002 E. 2.2., wonach aus dem aus der Unschuldsvermutung (Art. 32 Abs. 1 BV und Art. 6 Ziff. 2 EMRK) folgende Grundsatz „in dubio pro reo" gefolgert wird, dass sich der Strafrichter nicht von einem für den Angeklagten ungünstigen Sachverhalt überzeugt erklären darf, wenn bei objektiver Betrachtung erhebliche und nicht zu unterdrückende Zweifel bestehen, ob sich der Sachverhalt so verwirklicht hat. Im beurteilten Fall betraf es die Frage, ob der Lenker identisch mit dem Halter war.

zumal vom Halter erwartet werden kann, dass er nicht jeder beliebigen Person sein Fahrzeug zur Verfügung stellt[127]. Dies gilt sowohl für Geschwindigkeitsübertretungen als auch ausdrücklich für Halte- und Parkverbote[128].

Auch in **Deutschland** gilt grundsätzlich, dass nur der Fahrzeug*führer* für einen Verkehrsregelverstoss bestraft werden kann. Aufgrund der ständig ansteigenden Park- und Halteverstössen von Lenkern und der damit verbundenen grossen Anzahl an Widerspruchsverfahren und Auslastung der Gerichte wurde jedoch eine *Halter*haftung eingeführt, welche im Bereich der Halte- und Parkverstösse eine wichtige Ausnahme darstellt. Sie ist in § 25a StVG geregelt. Kann in einem Bussgeldverfahren[129] wegen eines Halte- oder Parkverstosses der Führer des Kraftfahrzeugs, der den Verstoss begangen hat, nicht vor Eintritt der Verfolgungsverjährung ermittelt werden oder würde seine Ermittlung einen unangemessenen Aufwand erfordern, so werden dem *Halter* des Kraftfahrzeugs oder seinem Beauftragten die Kosten des Verfahrens auferlegt; er hat dann auch seine Auslagen zu tragen. Von einer Entscheidung nach Satz 1 wird abgesehen, wenn es unbillig wäre, den Halter des Kraftfahrzeugs oder seinen Beauftragten mit den Kosten zu belasten. Diese Kostentragungspflicht ist gemäss Bundesverfassungsgericht grundgesetzeskonform, da es um eine Norm für den Ersatz des Kostenaufwandes und nicht um eine solche mit strafähnlichem Charakter[130] handelt[131].

---

[127] Vgl. BGer 1P.641/2000 vom 24. April 2001 und BGer 1P.684/2001 vom 3. Juni 2002 E. 2.2, wonach für die mit einem Motorfahrzeug verübten Verletzungen von Verkehrsregeln der entsprechende Fahrzeughalter nur dann bestraft werden kann, wenn seine Täterschaft rechtsgenügend nachgewiesen ist, d.h. wenn feststeht, dass er selber der fehlbare Fahrzeuglenker ist.

[128] Vgl. OBV, wonach der 2. Titel der Bussenliste Widerhandlungen gegen Park- und Haltevorschriften ausdrücklich mit „Motorfahrzeugführerinnen und -führer; Verkehrsregeln im ruhenden Verkehr" überschrieben ist (anders beispielsweise der 5. Titel, wonach sich „Fahrzeughalterinnen und -halter" zu verantworten haben.

[129] Diese Vorschrift gilt ausschliesslich für das Bussgeldverfahren und findet keine Anwendung, wenn Halten oder Parkieren einen Straftatbestand erfüllt, vgl. hiezu HENTSCHEL Kommentar, Kommentar zu §25a StVG, Rz. 4.

[130] Zur Problematik hinsichtlich der strengen Auslegung der Unschuldsvermutung vgl. BGer 1P.36/2004 vom 23. März 2004. In dieser Hinsicht sei auch auf die sich in diesen Fällen stellende Problematik der verschuldensunabhängigen „strict liability" Haftung hingewiesen, vgl. hiezu etwa die Rechtsprechung in "Salabiaku v. France", welche eine solche grundsätzlich nicht ausschliesst.

[131] Vgl. HENTSCHEL Kommentar, Kommentar § 25a StVG, Rz. 2 mit Hinweisen auf BVerfG NZV 89 398.

Kann der Fahrzeugführer deshalb beim „ruhenden Verkehr" nicht ermittelt werden, muss der Fahrzeughalter für die Kosten des Verfahrens aufkommen. Bekommt nun ein Halter einen Verwarnungsgeldbescheid mit dem Hinweis, sein Fahrzeug habe im Parkverbot gestanden, kann er zwar geltend machen, er sei nicht bereit, das Verwarnungsgeld zu bezahlen, weil er selbst nicht gefahren sei, wird dann aber mit den Verfahrenskosten der Verkehrsbehörde belastet. Zieht er den Fall vor das zuständige Gericht weiter und kann auch hier der Fahrzeugführer nicht ermittelt werden, so muss der Halter zwar das ursprünglich verhängte Verwarnungsgeld nicht bezahlen, wird aber die gesamten Gerichtskosten bezahlen müssen. Diese dürften praktisch immer um ein vielfaches höher sein wie das ursprüngliche Verwarnungsgeld.

Das Schreiben 'Anhörung zur Ordnungswidrigkeit' enthält folgenden Hinweis: „Sollten nicht sie den Verstoss begangen haben, sondern eine andere Person, so teilen Sie bitte innerhalb einer Woche nach Erhalt des Schreibens diese verantwortliche Person auf dem Anhörungsbogen mit. Das weitere Verfahren richtet sich dann gegen die von Ihnen angegebene Person. Für Sie ist die Angelegenheit zunächst damit erledigt. Sollte allerdings nach Ihren Angaben dennoch keine verantwortliche Person ermittelt werden können, dann können Ihnen als Halter die Kosten des Verfahrens auferlegt werden (Halterhaftung). Dasselbe gilt, wenn der Aufwand für die Ermittlung der verantwortlichen Person unverhältnismässig hoch ist". Dieses Verfahren gilt jedoch ausdrücklich nur beim „ruhenden Verkehr". Die gesetzliche Grundlage ist klar und macht soweit Sinn, der Halter eines Fahrzeuges muss sich eben darüber im Klaren sein, wem er das Fahrzeug überlässt und kann dadurch allenfalls für den entstandenen Aufwand der Behörden belangt werden[132]. In den Niederlanden findet sich eine ähnliche Haftungsnorm, welche als EMRK-konform angesehen wurde, zumal die Unschuldsvermutung nicht absolut sei[133].

---

[132] Zur Unschuldsvermutung vgl. „Minelli vs. Switzerland", 8660/79 [1983] ECHR 4 (25. März 1983), das Gericht verurteilte den Angeklagten zur Tragung von 2/3 der Verfahrenskosten mit der Begründung, bei Nichteintritt der Verjährung hätte die Anklage sehr wahrscheinlich zur Verurteilung geführt. Der Europäische Gerichtshof hielt Art. 6 Ziff. 2 EMRK deshalb für verletzt, weil sich aus den Urteilserwägungen des Geschworenengerichts ergebe, dass dieses den Journalisten für schuldig hielt, obschon das Verfahren materiell wegen Eintritts der Verjährung nicht zu Ende geführt werden konnte.
[133] Vgl. hiezu "Falk v. Netherlands" - 66273/01 (19. Oktober 2004), wonach die Unschuldsvermutung nicht absolut ist und es den Vertragsstaaten offen steht, Vermutungen aufzustellen, sofern diese zwischen den verfolgten Anliegen und den Verteidigungsrechten verhältnismässig berücksichtigt werden.

Ist die Feststellung eines bestimmten Fahrzeugführers nach einer Zuwiderhandlung gegen Verkehrsvorschriften, beispielsweise bei Geschwindigkeitsüberschreitungen, nicht möglich, steht der Verwaltungsbehörde nach § 31a StVZO die Möglichkeit offen, gegenüber dem Fahrzeughalter für ein oder mehrere auf ihn zugelassene oder künftig zuzulassende Fahrzeuge die Führung eines Fahrtenbuchs anordnen. Voraussetzung dafür ist, dass Verhältnismässigkeit zwischen dem Verstoss und der Massnahme besteht[134]. Bei Entscheidungen mit Eintragung ins VZR ist die Anordnung zur Führung eines Fahrtenbuches nicht unverhältnismässig, bei solchen ohne Eintragung ist sie unverhältnismässig, selbst wenn mehrere Ordnungswidrigkeiten festgestellt wurden[135]. Es sei hierbei auf einen Fall des OVG Münster aus dem Jahre 1997 hingewiesen, in welchem eine Fahrtenbuchauflage für fünfzehn Fahrzeuge desselben Halters angeordnet wurde[136]. Dies, nachdem die Verwaltungsbehörde vor 3¼ Jahren, welche der Anordnung der vorliegenden Massnahme vorausgegangen waren, bezüglich zweier zugelassener Fahrzeuge bereits drei Fahrtenbuchauflagen angeordnet hatte, der streitgegenständliche Verstoss mit einem dritten Fahrzeug begangen wurde und bis zum Erlass des streitbefangenen Widerspruchsbescheides weitere drei Verstösse mit einem vierten Fahrzeug bekannt wurden. In diesem Sinne war aufgrund der mehrfach ungeklärten Verkehrsverstössen die Ausdehnung der Fahrtenbuchauflage auf alle 15 Fahrzeuge nicht unverhältnismässig.

Bei Verstössen von Schweizern versuchen die deutschen Behörden regelmässig den Lenker zu ermitteln, was rechtshilfeweise direkt über die zuständige Polizeistelle erfolgt. Üblicherweise wird der Halter des Fahrzeugs vorgeladen mit der Aufforderung, den fraglichen Lenker Preis zu geben. Inwieweit und ob der Halter dazu verpflichtet ist, wird nachfolgend unter 4.4.2. zu zeigen sein.

4.4.2. Das Auskunftsverweigerungs- und Zeugnisverweigerungsrecht

Wie vorstehend erwähnt, stellt sich die Frage, inwiefern der Fahrzeughalter verpflichtet ist, der Behörde bei begangenen Übertretungen bzw. Ord-

---

[134] Beim Fahrtenbuch handelt es sich nicht um eine Sanktion, denn irgendein Straf- oder Erziehungscahrakter kommt ihr nicht zu, es soll vielmehr über der Erhaltung von Ordnung und Sicherheit im Verkehr dienen, vgl. hiezu JANISZEWSKI, S. 320, Rz. 822.

[135] Vgl. HENTSCHEL Kommentar, Kommentar zu § 31a, Rz. 8.

[136] OVG Münster, Urteil vom 10.9.1997 - 25 A 4812/96, publiziert in NJW 1998, Heft 31, S. 2305-2306.

nungswidrigkeiten mit seinem Fahrzeug den Namen des Fahrzeugführers bekannt zu geben.

Das Zeugnisverweigerungsrecht richtet für die Beweisführung und damit auch für die Urteilsfindung Schranken auf, weshalb es zu den Beweisverboten gehört[137]. Die informative Befragung eines angeschuldigten Lenkers durch die Polizei kann in **der Schweiz** grundsätzlich *nicht* unter der Androhung der Bestrafung wegen falschen Zeugnisses geführt werden, weshalb hier noch nicht zwischen einem Beschuldigtem und Zeugen unterschieden werden muss[138]. Der Ausschluss der Polizei vom Zeugnisrecht beruht auf der Überlegung, dass nur höhere, besonders qualifizierte Staatsbeamte, die vielfach auch vom Volk gewählt werden, mit den Machtmitteln der Zeugnispflicht und des Zeugniszwangs versehen wurden[139]. Dennoch gibt es einige wenige Kantone, welche das Recht der Zeugenanhörung durch die Polizei statuieren, unter anderem beispielsweise die Kantone Graubünden und Waadt.

Grundsätzlich bleibt es demnach der Polizei, um Doppelspurigkeiten zwischen polizeilicher und untersuchungsrichterlicher Tätigkeiten zu vermeiden, verwehrt, Zeugeneinvernahmen durchzuführen[140]. Dennoch sollen kurz einige Einzelheiten dazu erläutert werden, da das Institut des Zeugnisverweigerungsrechtes von Kanton zu Kanton sehr unterschiedlich ausgestaltet worden ist.

Im Kanton **Zürich** können nach § 129 StPO ZH neben den Verwandten auch der Ehegatte[141], sowie der Lebenspartner, sofern dieser und der Angeschuldigte mindestens seit einem Jahr im gemeinsamen Haushalt leben, das Zeugnis verweigern. Nach § 131 StPO ZH kann der Zeuge die Beantwortung von Fragen verweigern, die ihn oder eine der genannten Personen der Gefahr strafrechtlicher Verfolgung aussetzen würde. Das Zeugnisverweigerungsrecht kann aufgrund des Wortlautes von § 131 StPO ZH sowohl bei Verbrechen und Vergehen als auch bei Übertretungen geltend gemacht werden. Gemäss § 15 des zürcherischen Verkehrsabgabengesetzes ist jedoch der Halter eines Motorfahrzeuges oder Fahrrades – unter Berücksichtigung des Zeugnisverweigerungsrechtes – verpflichtet, der

---

[137] HAUSER, S. 131.
[138] Vgl. HAUSER, S. 40.
[139] Vgl. HAUSER, S. 86.
[140] HAUSER, S. 86.
[141] Der geschiedene Ehegatte kann sich nur unter der Voraussetzung auf sein Zeugnisverweigerungsrecht berufen, dass sich das Zeugnis auf die Zeit vor der Scheidung bezieht.

Polizei Auskunft zu geben, wer das Fahrzeug geführt oder wem er es überlassen hat[142]. Verweigert der Halter die Auskunft, kann er nach § 18 des
Verkehrsabgabengesetzes mit Haft oder Busse bestraft werden, in leichten
Fällen kann ein Verweis erteilt werden. In diesem Sinne kann die Polizei –
auch ohne Institut des Zeugnisses – einen Halter anhalten, ihr mitzuteilen,
wer zur fraglichen Zeit das Fahrzeug lenkte, ausser der Halter könnte sich
auf das Zeugnisverweigerungsrecht berufen. Deshalb muss beispielsweise
eine Firma, die als Halterin eingetragen ist, bzw. der verantwortliche Leiter
der Polizei bekannt geben, wer das Fahrzeug führte; weigert er sich, kann
er bestraft werden[143]. Dass jedoch angesichts des immer noch bestehenden Zeugnisverweigerungsrechts erhebliche Probleme mit der Eintreibung
der Bussen besteht, macht ein Artikel aus dem Tages-Anzeiger deutlich.
Demnach hat der Stadtrat von Zürich im Jahre 2003 61 Millionen mit Ordnungsbussen eingenommen. Weitere 15,2 Millionen konnte er allerdings
nicht eintreiben[144]. Dies geht nun gar soweit, dass die Zürcher Stadtrichter-
ämter bereits eine Kausalhaftung des Fahrzeughalters für Ordnungsbussen
verlangen[145]. Eine generelle Kausalhaftung bzw. „strict liability" Haftung des
Halters könnte bei ähnlicher Ausgestaltung in leichten Fällen wie in den
Niederlanden gemäss dem Fall „Falk v. Netherlands" durchaus EMRK-
konform sein[146].

---

[142] Diese Norm wurde geschaffen, weil die Zürcher Strafprozessordnung der Polizei kein
Recht zur Zeugeneinvernahme einräumt. Daher seien strafprozessuale Normen notwendig, welche die Polizeiorgane ermächtigen, Personen unter Aussagezwang einzuvernehmen. Anders ist die Möglichkeit der Zeugeneinvernahme im Kanton Graubünden ausgestaltet wonach, wonach die Kantonspolizei und ermächtigte Polizeiorgane berechtigt sind,
bei der Abklärung von Verkehrsunfällen im polizeilichen Ermittlungsverfahren Zeugen einzuvernehmen, vgl. Art. 4 GAV zum SVG.
[143] Da es sich bei der genannten Bestimmung nicht um eine prozessrechtliche Norm – umschrieben wird lediglich die Stellung und Bedeutung des Fahrzeughalters als Beweismittel
in einem Strafverfahren, das gegen den unbekannten Lenker seines Fahrzeugs geführt
wird – handelt, die keine zusätzlichen, allein dem Strassenverkehrsrecht des Bundes vor-
behaltenen Bestimmungen enthält, ist der Grundsatz der derogatorischen Kraft des Bun-
desrechts nicht verletzt, so BGE 107 IV 146.
[144] Tages-Anzeiger Artikel vom 12. Oktober 2005, S. 11, „Hunderte von Bussen blieben
ohne Folgen" von PETER JOHANNES MEIER, abrufbar unter http://www.tages-anzeiger.ch.
[145] Tages-Anzeiger Artikel vom 20. Oktober 2005, „Unmut über bezahlte und unbezahlte
Bussen" von ROGER KELLER.
[146] Vgl. „Falk v. Netherlands", das niederländische Recht statuiert in der Strassenverkehrs-
ordnung, dass bei Begehung einer Verkehrsregelverletzung mit einem im Strassenverkehr
zugelassenen Fahrzeug, bei der die Identität des Fahrers zur fraglichen Zeit nicht ermittelt
werden konnte, die Busse dem registrierten Halter auferlegt wird, ausser der registrierte
Halter zeigt auf, dass sein Fahrzeug gegen seinen Willen benutzt wurde oder es ihm nicht
möglich war, dies zu verhindern (...).

Ähnlich gelagert ist die Situation im Kanton **Graubünden**. Allerdings können nach Art. 90 der StPO GR nur Ehegatten und Verlobte des Angeschuldigten sowie seine Verwandte das Zeugnis verweigern. Die Auskunftspflicht gegenüber der Polizei wurde in Art. 4 Abs. 2 GAV zum SVG[147] genau gleich wie in Zürich geregelt. Auch hier entfällt die Auskunftspflicht, wenn die Voraussetzungen des Zeugnisverweigerungsrechtes erfüllt sind. Zu den erwähnten Möglichkeiten haben die Kantonspolizei und dazu ermächtigte Polizeiorgane in Graubünden nach Art. 4 Abs. 1 GAV zum SVG die Möglichkeit, bei der Abklärung von Verkehrsunfällen im polizeilichen Ermittlungsverfahren Zeugen einzuvernehmen. Da es sich vorliegend jedoch um blosse Übertretungen handelt, dürfte die Polizei regelmässig keine Zeugeneinvernahmen, sondern sich ausschliesslich auf Art. 4 Abs. 2 GAV zum SVG berufen und so eine Aussagepflicht des Halters unter Einhaltung des Zeugnisverweigerungsrechts erzwingen.

Eine solche Auskunftspflicht des Halters gegenüber der Polizei findet sich unter anderem auch in den Kantonen **Genf**[148], **Wallis**[149] oder St. Gallen[150]. Die Auskunftspflicht hat somit rein praktisch zur Folge, dass die Polizei den Halter dazu anhalten kann, auszusagen, wer das Fahrzeug lenkte oder ihn bei Weigerung zu büssen. Zu berücksichtigen bleibt jedoch das Zeugnisverweigerungsrecht, welches sich auf die Auskunftspflicht auswirkt.

In **Schaffhausen** können nach Art. 112 StPO SH unter anderem neben dem Ehegatten des Angeschuldigten, auch mit letzterem verlobten oder eheähnlich zusammenlebenden Partnern vom Zeugnisverweigerungsrecht Gebrauch machen. Es gibt weder eine Auskunftspflicht des Halters noch die Möglichkeit der Polizei, Zeugen einzuvernehmen. Gerade bei Kantonen wie Schaffhausen müsste – ähnlich der deutschen Regelung – ein Verfahren gegen den Halter eröffnet, dieses aber mit Kostenfolgen für den Halter, falls letzterer das Verfahren in diesem Sinne schuldhaft verursacht hat, eingestellt werden.

---

[147] Ausführungsverordnung zum Bundesgesetz über den Strassenverkehr vom 27. September 1977; BR 870.100.

[148] Art. 9A der Loi d'application de la législation fédérale sur la circulation routière (LaLCR) vom 15. Februar 1989; RSG H 1 05.

[149] Art. 18 des Ausführungsgesetzes über die Bundesgesetzgebung betreffend den Strassenverkehr vom 30. September 1987; SGS/VS 741.1.

[150] Art. 28bis des Übertretungsstrafgesetzes vom 13. Dezember 1984; sGS 921.1. Vgl. auch Art. 82 Abs. 2 StPO SG, wonach unter anderem bei Übertretungen an Stelle einer Zeugeneinvernahme die polizeiliche Einvernahme zu Protokoll treten kann.

In **Appenzell-Ausserrhoden** dürfen nach Art. 74 Abs. 1 Ziff. 1 StPO AR bestimmte Verwandte des Beschuldigten die Aussage verweigern. Allerdings ist das genannte Zeugnisverweigerungsrecht nach Abs. 4 dann nicht gegeben, wenn es sich bei der Straftat ausschliesslich um eine Übertretung handelt[151]. In diesem Fall muss der Halter dementsprechend auch gegen Familienangehörige aussagen[152]. Art. 75 StPO AR billigt dem Zeugen zu, die Beantwortung von Fragen zu verweigern, wenn er glaubhaft versichert, der Inhalt der Aussage könnte ihn oder eine der in Art. 74 Abs. 1 Ziff. 1 StPO AR genannten Personen der strafrechtlichen Verfolgung aussetzen. Die Anwendung des genannten Art. 74 Abs. 4 StPO AR auf die in Art. 75 StPO AR vorgesehene Verweigerung der Aussage ist nach der bundesgerichtlichen Rechtsprechung vertretbar[153], zumal Art 74 Abs. 4 StPO AR deshalb eingeführt worden sei, um im Hinblick auf Fälle, in denen der Halter behauptet[154], nicht gefahren zu sein, den Lenker zu ermitteln[155]. Ob diese Rechtsprechung auch EMRK-konform ist, dürfte fraglich sein. Nach dem bereits zitierten Entscheid „Öztürk v. Germany"[156] stehen dem Angeschuldigten bei behaupteten Strassenverkehrsordnungswidrigkeiten bzw. Übertretungen sämtliche Rechte der EMRK zu. Vorliegend dürfte in diesem Sinne fraglich sein, ob die Norm nicht dem in Art. 8 EMRK statuierten Recht auf Achtung des Familienlebens entgegensteht, wenn jemand in jedem Falle gegen Familienangehörige aussagt bzw. ob dieses Recht vom Gesetzgeber mit der entsprechenden Notwendigkeit gemäss Art. 8 Abs. 2 EMRK vorgesehen wurde.

Ähnlich gehandhabt wird es im Kanton **Basel-Stadt**. § 45 StPO BS[157] statuiert ein allgemeines Zeugnisverweigerungsrecht der Angehörigen.

---

[151] Gesetzgeberisches Ziel dieser Norm war, gegen die Einrede von Motorfahrzeughaltern zu reagieren, welche Auskünfte darüber verweigerten, wer eine Übertretung begangen habe. Diese Norm wurde mit der Überlegung begründet, dass bei geringfügigen Übertretungen eine wahrheitsgemässe Aussage eines Angehörigen keine ernsthafte Gefährdung des Familienfriedens mit sich bringe, vgl. BÄNZIGER StPO Appenzell, S. 81 Rz. 6.

[152] Dass die Ausdehnung auf Übertretungen doch zu problematischen Ergebnissen führen kann, vgl. BÄNZIGER StPO Appenzell, S. 81 Rz. 7, der zu Recht feststellt, dass mit dieser Norm über das eigentliche Ziel hinausgeschossen wird.

[153] Zum selben Ergebnis gelangen auch BÄNZIGER, Stolz und Kobler im Kommentar zur StPO des Kantons Appenzell-Ausserrhoden, vgl. BÄNZIGER StPO Appenzell, S. 84 Rz. 5.

[154] In diesem Sinne kann eine Person, welche ursprünglich selbst einer Tat beschuldigt wurde, nach Einstellung des gegen sie geführten Verfahrens zur Frage vernommen werden, welches Familienmitglied als Täter die fragliche Tat begangen habe, vgl. hiezu BÄNZIGER StPO Appenzell, S. 81 Rz. 10.

[155] Vgl. zum Ganzen SCHULTZ, Rechtsprechung 83-87, S. 342 mit Hinweisen auf BGE vom 25.4.1984 ARh RB 1983/4 41.

[156] Vgl. „Öztürk v. Germany", 8544/79 [1984] ECHR 1 vom 21. Februar 1984.

[157] SG 257.100.

Ebenfalls darunter fallen nach lit. c Personen, die mit dem Angeschuldigten verlobt oder in eheähnlicher Partnerschaft zusammenleben. Es folgt sodann in § 47 StPO BS eine nicht zu unterschätzende Einschränkung, wonach Zeuginnen und Zeugen das Zeugnis nur dann verweigern können, wenn sie durch ihre Aussage nach glaubwürdiger Angabe sich oder in § 45 StPO BS genannte Angehörige der Gefahr einer Strafverfolgung wegen eines Verbrechens oder Vergehens oder der ernstlichen Gefahr eines anderen schweren Nachteils aussetzen würden. Daraus, dass ein Zeugnisverweigerungsrecht gemäss eindeutigem Wortlaut von § 47 StPO BS nur bei „Verbrechen und Vergehen" gegeben ist, folgert die baselstädtische Praxis, dass bei Übertretungen kein solches besteht. Wer deshalb in Basel-Stadt als Zeuge einvernommen wird, kann – wenn es sich um eine Übertretung handelt – kein Zeugnisverweigerungsrecht beanspruchen und muss unter Hinweis auf die Wahrheitspflicht nach Art. 307 StGB aussagen. Verweigert er die Aussage, kann er nach § 49 StPO BS und unter Androhung wegen Ungehorsams gegen eine amtliche Verfügung nach Art. 292 StGB bestraft werden. Bemerkenswert ist auch das konkrete Vorgehen der Polizeibehörden: Derjenige Halter, der bestreitet, selbst gefahren zu sein, wird nach Einstellung des gegen ihn angestrebten Verfahrens als Zeuge einvernommen und muss sodann Auskunft darüber geben, wer die Übertretung begangen hat[158]. Eine Berufung auf das Zeugnisverweigerungsrecht fällt ausser Betracht, weil es ein solches in Basel-Stadt bei Übertretungen nicht gibt. Der Kanton Basel-Stadt braucht deshalb nicht auf eine gesetzlich statuierte Aussagepflicht des Halters zurückzugreifen. Eine solche besteht denn auch nicht. Auch hier dürfte – wie schon bei Appenzell-Ausserrhoden erwähnt – fraglich sein, ob keine Verletzung der EMRK vorliegt.

Die einzige Möglichkeit, die den schweizerischen Behörden regelmässig in solchen Fällen bleibt, ist die Einstellung des Verfahrens unter Kostenauflage an den freigesprochenen Angeschuldigten. Eine solche widerspricht gemäss konstanter Rechtsprechung des Europäischen Gerichtshofes für Menschenrechte der Unschuldsvermutung in Art. 6 Ziff. 2 EMRK nur dann, wenn die Begründung des Kostenentscheids den Eindruck erweckt, das Gericht halte den nicht verurteilten Beschuldigten gleichwohl für strafrechtlich schuldig, ohne dass seine Schuld zuvor in einem gesetzlich vorgeschriebenen Verfahren nachgewiesen worden sei[159]. Es bleibt allerdings

---

[158] Dass ein Zeuge, der ursprünglich der Tat selbst bezichtigt wird, nach Einstellung des gegen ihn geführten Verfahrens als Zeuge vernommen werden soll, ist durchaus möglich, vgl. unter anderem BÄNZIGER, StPO Appenzell, S. 81 Rz. 10.

[159] Vgl. BGer 1P.36/2004 vom 23. März 2004; dies ist nur möglich, weil es bei der Kostenpflicht des freigesprochenen oder aus dem Verfahren entlassenen Angeschuldigten es

51

festzuhalten, dass die Begründung der Kostenauflage nicht als strafrechtliche Missbilligung vom allgemeinen Publikum angesehen werden darf, da sie sonst Art. 6 Ziff. 2 EMRK nicht standhält. Zudem hält BGE 116 Ia 162 E. 2aa fest, dass „das blosse Wahrnehmen verfahrensmässiger Rechte, etwa des Schweigerechtes des Angeschuldigten, für eine Kostenauflage nicht genügt." Eine Kostenauflage ist nur möglich, wenn „der Angeschuldigte in einem solchen Fall ein hinterhältiges, gemeines oder krass wahrheitswidriges Verhalten an den Tag gelegt" hat. Dass dies bei blossem Schweigen, welches dem Beschuldigten von Gesetzes wegen zusteht, der Fall sein soll, dürfte für den Staat schwierig nachzuweisen sein[160].

Im Vergleich zur Schweiz besteht gemäss § 52 ff. StPO DE in **Deutschland** ein weitergehendes und einheitliches Zeugnisverweigerungsrecht. Unterschieden wird ein Zeugnisverweigerungsrecht aus persönlichen und eines aus beruflichen Gründen. Zu dem hier interessierenden ersteren gehören Verlobte, Ehegatten, Lebenspartner (auch wenn die Lebenspartnerschaft nicht mehr besteht) und mit dem Beschuldigten in gerader Linie verwandte oder verschwägerte Personen, in der Seitenlinie bis zum dritten Grad verwandt oder bis zum zweiten Grad verschwägert sind oder waren.

Den Umfang des Zeugnisverweigerungsrechts bestimmt § 55 StPO DE. Demnach kann ein Zeuge die Auskunft auf Fragen verweigern, deren Beantwortung ihn selbst oder einen der in § 52 Abs. 1 StPO DE[161] bezeichneten Angehörigen der Gefahr aussetzen würde, wegen einer Straftat oder einer Ordnungswidrigkeit verfolgt zu werden. Nach Abs. 2 ist der Zeuge über sein Recht zur Verweigerung der Auskunft zu belehren. Die Ordnungs- und Bussenämter bringen bei den bereits erwähnten Schreiben 'Anhörung zur Ordnungswidrigkeit' einen entsprechenden Hinweis zum Zeugnisverweigerungsrecht an. Er lautet: „Sie können Angaben zur Sache verweigern, wenn Sie in einem Angehörigenverhältnis zur verantwortlichen Person stehen. Ausserdem können Sie die Auskunft auf solche Fragen verweigern, durch die Sie sich selber belasten würden." Damit wird der in

---

sich nicht um eine Haftung für ein strafrechtliches Verhalten, sondern um eine zivilrechtlichen Grundsätzen angenäherte Haftung für ein fehlerhaftes Verhalten, durch das die Einleitung oder Erschwerung eines Prozesses verursacht wurde, handelt.

[160] Allerdings hält das Bundesgericht im selben Urteil in diesem Zusammenhang fest, dass eine Kostenüberbindung dann möglich ist, wenn der Angeschuldigte in rechtsmissbräuchlicher Weise von seinem Recht, die Aussage zu verweigern, Gebrauch gemacht hat, was z.B. dann der Fall sei, wenn er die Anklagebehörde nicht über entlastende Momente aufklärt. Ein solcher Rechtsmissbrauch ist jedoch nur unter sehr engen Voraussetzungen anzunehmen.

[161] Zum Verhältnis von § 55 StPO DE und § 52 StPO DE vgl. SPELTHAHN, S. 67.

§ 55 Abs. 2 StPO DE verlangten Belehrung über das Zeugnisverweige-rungsrecht genüge getan. Es bleibt festzuhalten, dass der Zeuge allerdings nur Angaben zur Sache und nicht Angaben zur Person im Sinne von § 68 StPO verweigern kann[162].

Die einheitliche Belehrung und derselbe Umfang, wie er in ganz Deutsch-land gilt, ist zu begrüssen, zumal sich diesbezüglich sachlich nicht gerecht-fertigte Unterschiede – wie sie in der Schweiz vorkommen – nicht finden lassen.

4.4.3. Die Haftung des Unternehmens für Verkehrswidrigkeiten

Mit der Einführung einer ausdrücklichen Strafnorm für die Verantwortlichkeit von Unternehmen am 1. Oktober 2003 in Art. 100[quater] Abs. 1 StGB hat der Gesetzgeber in der **Schweiz** nun die Grundlage dafür geschaffen, Ver-brechen und Vergehen, welche im Rahmen des Unternehmenswecks begangen werden, dem Unternehmen zuzurechnen und mit Bussen bis zu 5 Millionen Franken zu ahnden. Es stellt sich deshalb die Frage, unter welchen Voraussetzungen bei Verkehrverstössen, beispielsweise eines Mitarbeiters mit einem Firmenwagen der Gesellschaft, in welcher sich der fragliche Lenker nicht ermitteln lässt, das Unternehmen selbst zur Verant-wortung gezogen werden kann.

Bei Art. 100[quater] Abs. 1 StGB handelt es sich um eine subsidiäre Verant-wortlichkeit, d.h. dass die fragliche Tat keiner natürlichen Person zuge-rechnet werden kann. Weiter muss die Tat „in Ausübung geschäftlicher Verrichtung im Rahmen des Unternehmenszwecks" begangen worden sein[163]. Schliesslich muss es laut Gesetzestext um ein „Verbrechen oder Vergehen" gehandelt haben. Gerade letztere Umschreibung gab aber grossen Anlass zur Diskussion. So wird vorwiegend in der französischen Westschweiz[164] argumentiert, dass die genannte Bestimmung des Art. 100[quater] Abs. 1 StGB bis zum Inkrafttreten des neuen AT-StGB als An-lasstaten auch Übertretungen erfasse. Damit würden alle minder schweren

---

[162] Weitere Einzelheiten bei SENGE, S. 282, Rz. 2.

[163] Zur Auslegung der „Ausübung geschäftlicher Verrichtung im Rahmen des Unterneh-menszwecks" vgl. HEINE ZStrR.

[164] Vgl. unter anderem PIOTET, S. 218; diese Tatsache dürfte wohl daher rühren, weil nach dem französische Recht eine solche Haftung möglich ist, JEANNERET weist auf S. 925 auf das französische Strassenverkehrsgesetz in L 121-2 und L 121-3 darauf hin, dass "le détenteur, respectivement le représentant légal de la personne morale détentrice est responsable pécuniairement du paiement des amendes de stationnement, d'excès de vitesse et de non respect du signalisation imposant un arrêt." Fraglich ist nach den Aus-führungen des Autors hingegen, ob diese Grundlage Art. 6 Abs. 2 EMRK standhält.

Geschwindigkeitsübertretungen oder Parkbussen, welche keinen konkreten Täter bestimmen lassen, direkt der Unternehmung zugerechnet werden, sofern die übrigen Voraussetzungen gegeben sind. HEINE verweist jedoch zu Recht auf die Entstehungsgeschichte des Artikels, bei welcher ein Antrag auf Nichtanwendung der Unternehmenshaftung auf Übertretungen angenommen wurde[165]. Die Norm[166] dürfte sich daher auf begangene Verbrechen oder Vergehen und nicht auf Übertretungen erstrecken[167]. Deshalb findet die Norm unter anderem bei massiven Geschwindigkeitsverletzungen Anwendung, nicht jedoch bei Übertretungen. In diesem Sinne dürfte das Verfahren bei Nichtfeststellung des fehlbaren Lenkers im Bereich der Übertretungen auch weiterhin eingestellt werden[168].

In **Deutschland** wird diese Problematik über § 30 OWiG zu lösen versucht. Art. 30 OWiG regelt Geldbussen gegen juristische Personen und Personenvereinigungen. Demnach kann, wenn jemand als vertretungsberechtigtes Organ, Vorstand etc. eine Ordnungswidrigkeit oder Straftat begangen hat, die die juristische Person betreffen, gegen diese eine Geldbusse festgesetzt werden. Aufgrund des klaren Wortlautes von § 30 OWiG und der entsprechenden Auslegung durch das OLG Hamm ist einzige Voraussetzung für die Festsetzung einer Geldbusse gegen eine juristische Person oder Personenvereinigung, dass ein vertretungsberechtigtes Organ eine Straftat oder Ordnungswidrigkeit begangen hat[169]. Hiezu muss sie eine entsprechende Pflichtverletzung begangen haben oder eine Bereicherung bewirkt bzw. eine solche bestrebt haben. Es muss jedoch feststehen, dass das vertretungsberechtigte Organ der Betroffenen eine Zuwiderhandlung begangen hat. Somit muss bei der Festsetzung einer Geldbusse nach § 30

---

[165] HEINE Recht, S. 3 mit Hinweisen auf die Entstehungsgeschichte und den angenommenen Antrag auf Nichtanwendung auf Übertretungen.

[166] Interessant schliesslich auch die Frage, wie bei der Schuldfrage vorzugehen ist, wenn bei der subsidiären Unternehmungshaftung feststeht, dass das tatbestandsmässige Verhalten niemandem zugerechnet werden kann. Hier führt Heine zu Recht aus, dass es für die Anlasstat ausreicht, wenn sie tatbestandsmässig und rechtswidrig sei, auf die Schuld selbst könne es nicht ankommen, da die Klausel sonst sinnlos wäre, Heine SZW, S. 18.

[167] Zur Unternehmensverantwortlichkeit vgl. HEINE ZStR, S. 30-31, der ebenfalls davon ausgeht, dass wenn beispielsweise bei einer Spedition mittels Firmenwagen eine SVG Tat begangen wurde und keine Person aus dem Benutzerkreis zugibt, gefahren zu sein, eine subsidiäre Verantwortlichkeit des Unternehmens eintritt. Dies gilt jedoch nur für Verbrechen und Vergehen, weshalb die meisten Geschwindigkeitsüberschreitungen von der Norm gar nicht erfasst werden.

[168] BGE 102 IV 256 hält ausdrücklich fest, dass es unzulässig sei, den Motorfahrzeughalter für eine Verkehrsregelverletzung des Fahrzeuglenkers mit der Begründung zu bestrafen, dass die Person des Lenkers unbekannt sei.

[169] Der Täter muss als Organ gehandelt haben, daran fehlt es, wenn er ausschliesslich im eigenen Interesse handelte, vgl. zu dieser Problematik, GÖHLER, S. 238 Rz. 24.

OWiG die Identität des Täters nicht feststehen, es muss aber eine durch ein Organ der juristischen Person begangene Ordnungswidrigkeit festgestellt werden. Eine nur rechtswidrige Tatbestandsverwirklichung genügt hingegen nicht. Im erwähnten Entscheid hielt das OLG Hamm fest, dass Abklärungen fehlten, ob der Geschäftsführer auch tatsächlich verantwortlich war oder nicht[170].

Die Festsetzung einer Geldbusse gegen die juristische Person ist danach von der Feststellung einer von ihrem vertretungsberechtigten Organ begangenen Ordnungswidrigkeit in diesem Sinne abhängig[171]. Dementsprechend schwierig dürfte es für die Bussgeldbehörden sein, bei unbekannten Lenkern auszumachen, ob es sich beim Fahrer um ein Organ handelte oder nicht. In diesem Sinne wird auch klar, dass die Norm nicht unbedingt auf Strassenverkehrsverletzungen zugeschnitten ist. Das Oberlandgericht Köln hat jedoch in diesem Zusammenhang mit Beschluss vom 12. Januar 1990 entschieden, dass sich ein Betriebsinhaber unter anderem dann haftbar macht, wenn er durch Unterlassen von Aufsichtsmassnahmen Verkehrsordnungswidrigkeiten nicht verhindert. Zum wiederholten Male sei festgestellt worden, dass ein Fahrzeug seiner Firma überladen am Strassenverkehr teilgenommen habe[172]. Eine Haftung des Unternehmens ist somit nicht ausgeschlossen, jedoch unwahrscheinlicher als in der Schweiz.

---

[170] Vgl. hiezu OLG Hamm, Beschluss vom 5. Juli 2000 - Aktenzeichen 2 Ss OWi 462/00.
[171] Vgl. OLG Düsseldorf, Beschluss vom 16. November 1995 - Aktenzeichen 5 Ss (OWi) 387/95 - (OWi) 174/95, wonach die die Verantwortung der Geschäftsführerin als vertretungsberechtigtes Organ der Betroffenen unter anderem dann in Betracht kommen kann, wenn sie ihrer Aufsichtspflicht als für den gesamten Betrieb verantwortliche Person nicht nachgekommen ist (§ 130 OWiG).
[172] Vgl. OLG Köln, Beschluss vom 12. Januar 1990 (Ss 666/89 [Z]), in VRS Bd. 78/90, S. 468-470 Fall Nr. 180.

5. Die Problematik und der Handlungsbedarf bei grenzüberschreitend begangenen Strassenverkehrsübertretungen

Ein erstes Problem, vor welchem sich die Behörden öfters gestellt sehen, ist die Feststellung des eigentlichen Täters. Sobald der Halter bestreitet, selbst gefahren zu sein und sich der tatsächliche Täter nicht ermitteln lässt, stellt sich für die Behörden die rein praktische Frage, wie sie weiter verfahren soll. In Deutschland wird versucht, dieser Tatsache, zumindest beim ruhenden Verkehr, dadurch entgegenzuwirken, dass dem Halter zwar keine Busse, dafür aber die Kosten des Verfahrens auferlegt werden. Angesichts des „Falk v. Netherlands" Urteiles, wonach die Unschuldsvermutung nicht absolut ist, dürfte die vorliegende Regelung wohl EMRK-konform[173] sein. Der EGMR hat hier den „nur" verhältnismässigen Schutz der Unschuldsvermutung gegen die „strict liability" Haftung bestätigt. Allerdings bleibt in Fällen der „strict liability" Haftungen darauf zu achten, dass die verfolgten Anliegen und die Verteidigungsrechte des Angeklagten verhältnismässig berücksichtigt werden. In diesem Sinne wurde die Norm vom Deutschen Bundesgerichtshof abgesegnet, wobei fraglich ist, ob es sich entgegen der Begründung nicht doch um eine Massnahme mit strafrechtlichem Charakter handelt, welche aber angesichts der erwähnten Rechtsprechung zulässig sein dürfte. In der Schweiz hingegen gibt es bislang keine solchen Normen. Einige Kantone versuchen diesem Problem mit einer Aussagepflicht des Halters zu begegnen. Dies nützt in der Regel allerdings herzlich wenig, weil sich die Halter diesfalls auf das Zeugnisverweigerungsrecht berufen werden. Andere Kantone haben diese „Gefahr" damit ausgeschaltet, dass es ein solches in Übertretungsverfahren nicht gibt. Hier dürfte fraglich sein, ob diese Praxis EMRK-konform ist, oder nicht Art. 8 EMRK, der Achtung des Familienlebens, widerspricht. In solchen Fällen bleibt den Behörden letzten Endes nur eine Möglichkeit offen, nämlich die Ausfällung eines Freispruches. Doch können die Behörden immer noch versuchen, dem freizu-

---

[173] Vgl. "Falk v. Netherlands" wo auf das niederländische Recht verwiesen ist, wonach "[w]here the offence has been committed by a registered motor vehicle and the identity of the actual driver could not be established at the material time, the fine is imposed on the registered owner of the vehicle (Article 5 of the Act), unless the registered owner demonstrates that his or her vehicle was used by another person against his or her will and that he or she was unable to prevent this use, or that the vehicle was commercially hired out for a period not exceeding three months, or that at the material time he or she had already sold the vehicle to another person who had provided a written warranty against liability (Article 8 of the Act)".

sprechenden Angeschuldigten die Kosten des Verfahrens aufzuerlegen. Dies darf allerdings nicht den Anschein einer Strafe bzw. Verurteilung erwecken, da es ansonsten einen Verstoss gegen die Unschuldsvermutung darstellt.

Die Probleme werden selbstverständlich mit der Internationalität der Täter nicht kleiner. Deshalb ist das Inkraftsetzen der Art. 37 ff. des Schweizerisch-deutschen Polizeivertrages dringend wünschenswert, damit jeder potentielle Verkehrssünder auch Gewissheit darüber hätte, was ihn erwartet, wenn er grenzüberschreitend Übertretungen bzw. Ordnungswidrigkeiten begeht. Dies könnte allerdings auch mit einer weiteren Annäherung der Schweiz an die Europäische Union erreicht werden, indem die entsprechenden Verträge für die Verfolgung ebenfalls ratifiziert würden. Die heutige Praxis – insbesondere der schweizerischen Behörden – scheint im Lichte der Gleichbehandlung und dem Vertrauen in die Behörden problematisch. Es kann nicht angehen, dass das direkte Zustellen von Bussen ins Ausland und dessen Nichtbezahlung keine rechtlichen Folgen auslösen kann. Auch wenn laut den Polizeistellen der Kantone Graubünden und St. Gallen der grösste Teil der direkt zugestellten Bussen beglichen wird, so darf derjenige, der die Busse nicht bezahlt, nicht auch noch dazu ermuntert werden bzw. die „ehrlichen" Täter, welche die Busse bezahlen, zusätzlich bestraft werden.

Ein möglichst rasches Inkraftsetzen der Art. 37 ff. des Schweizerisch-deutschen Polizeivertrages sollte deshalb unbedingt angestrebt werden, um den Ungleichbehandlungen einen Riegel vorzuschieben. Wie dargelegt, würde der Polizeivertrag zweifellos nicht alle Probleme bei Übertretungen bzw. Ordnungswidrigkeiten im Strassenverkehr ohne weiteres beseitigen. Dennoch bringt er klare und strukturierte Regelungen bezüglich des Vollzugs der Bussen im Ausland. Da dem ersuchenden Staat keine Kosten in Rechnung gestellt werden dürfen und er zudem noch den Erlös aus der Vollstreckung der Busse profitiert, dürften die Bussen über dem Minimalwert auch tatsächlich vollstreckt werden und insoweit eine Ungleichbehandlung der fehlbaren Lenker ausgeschlossen werden. Angesichts der Tatsache, dass die relevanten Bestimmungen im Polizeivertrag bis heute nicht in Kraft getreten sind, wird dieses Problem in absehbarer Zeit zwischen der Schweiz und Deutschland nicht gelöst werden.

6. Anhang – Auszüge aus den Gesetzestexten

6.1. Erlasse der Schweizerischen Eidgenossenschaft

Schweizerische Bundesverfassung (BV)

Art. 123 - Strafrecht

[1] Die Gesetzgebung auf dem Gebiet des Strafrechts und des Strafprozessrechts ist Sache des Bundes.

[2] Für die Organisation der Gerichte, die Rechtsprechung in Strafsachen sowie den Straf- und Massnahmenvollzug sind die Kantone zuständig, soweit das Gesetz nichts anderes vorsieht.

[3] Der Bund kann den Kantonen Beiträge gewähren:

    a.   für die Errichtung von Anstalten;
    b.   für Verbesserungen im Straf- und Massnahmenvollzug;
    c.   an Einrichtungen, die erzieherische Massnahmen an Kindern, Jugendlichen und jungen Erwachsenen vollziehen.

Schweizerisches Strafgesetzbuch (StGB)

Art. 3 StGB - Verbrechen oder Vergehen im Inland

1. Diesem Gesetz ist unterworfen, wer in der Schweiz ein Verbrechen oder ein Vergehen verübt.

Hat der Täter im Auslande wegen der Tat eine Strafe ganz oder teilweise verbüsst, so rechnet ihm der schweizerische Richter die verbüsste Strafe an.

2. Ist ein Ausländer auf Ersuchen der schweizerischen Behörde im Auslande verfolgt worden, so wird er in der Schweiz wegen dieser Tat nicht mehr bestraft:

wenn das ausländische Gericht ihn endgültig freigesprochen hat,

wenn die Strafe, zu der er im Auslande verurteilt wurde, vollzogen, erlassen oder verjährt ist. Hat der Täter die Strafe im Auslande nicht oder nur teilweise verbüsst, so wird in der Schweiz die Strafe oder deren Rest vollzogen.

Art. 4 - Verbrechen oder Vergehen im Auslande gegen den Staat

[1] Diesem Gesetz ist auch unterworfen, wer im Ausland ein Verbrechen oder Vergehen gegen den Staat begeht (Art. 265, 266, 266bis, 267, 268, 270, 271, 275, 275bis, 275ter),

verbotenen Nachrichtendienst betreibt (Art. 272–274) oder die militärische Sicherheit stört (Art. 276 und 277).

[2] Hat der Täter wegen der Tat im Ausland eine Strafe ganz oder teilweise verbüsst, so rechnet ihm der schweizerische Richter die verbüsste Strafe an.

Art. 5 - Verbrechen oder Vergehen im Auslande gegen Schweizer

[1] Wer im Auslande gegen einen Schweizer ein Verbrechen oder ein Vergehen verübt, ist, sofern die Tat auch am Begehungsorte strafbar ist, dem schweizerischen Gesetz unterworfen, wenn er sich in der Schweiz befindet und nicht an das Ausland ausgeliefert, oder wenn er der Eidgenossenschaft wegen dieser Tat ausgeliefert wird. Ist das Gesetz des Begehungsortes für den Täter das mildere, so ist dieses anzuwenden.

[2] Der Täter wird wegen des Verbrechens oder Vergehens nicht mehr bestraft, wenn die Strafe, zu der er im Auslande verurteilt wurde, vollzogen, erlassen oder verjährt ist.

[3] Hat der Täter die Strafe im Auslande nicht oder nur teilweise verbüsst, so wird in der Schweiz die Strafe oder deren Rest vollzogen.

Art. 6 - Verbrechen oder Vergehen von Schweizern im Ausland

1. Der Schweizer, der im Ausland ein Verbrechen oder ein Vergehen verübt, für welches das schweizerische Recht die Auslieferung zulässt, ist, sofern die Tat auch am Begehungsorte strafbar ist, diesem Gesetz unterworfen, wenn er sich in der Schweiz befindet oder der Eidgenossenschaft wegen dieser Tat ausgeliefert wird. Ist das Gesetz des Begehungsortes für den Täter das mildere, so ist dieses anzuwenden.

2. Der Täter wird in der Schweiz nicht mehr bestraft:

wenn er im Auslande wegen des Verbrechens oder Vergehens endgültig freigesprochen wurde;

wenn die Strafe, zu der er im Auslande verurteilt wurde, vollzogen, erlassen oder verjährt ist.

Ist die Strafe im Auslande nur teilweise vollzogen, so wird der vollzogene Teil angerechnet.

Art. 6bis - Andere Verbrechen oder Vergehen im Ausland

1. Wer im Ausland ein Verbrechen oder Vergehen verübt, zu dessen Verfolgung sich die Schweiz durch ein internationales Übereinkommen verpflichtet hat, ist diesem Gesetz unterworfen, sofern die Tat auch am Begehungsort strafbar ist, der Täter sich in der Schweiz befindet und nicht an das Ausland ausgeliefert wird. Ist das Gesetz des Begehungsortes für den Täter das mildere, so ist dieses anzuwenden.

2. Der Täter wird in der Schweiz nicht mehr bestraft:

wenn er im Tatortstaat wegen des Verbrechens oder Vergehens endgültig freigesprochen wurde;

wenn die Strafe, zu der er im Ausland verurteilt wurde, vollzogen, erlassen oder verjährt ist.

Ist die Strafe im Ausland nur teilweise vollzogen, so wird der vollzogene Teil angerechnet.

Art. 7 - Ort der Begehung

[1] Ein Verbrechen oder ein Vergehen gilt als da verübt, wo der Täter es ausführt, und da, wo der Erfolg eingetreten ist.

[2] Der Versuch gilt als da begangen, wo der Täter ihn ausführt, und da, wo nach seiner Absicht der Erfolg hätte eintreten sollen.

Art. 24 - Teilnahme / Anstiftung

[1] Wer jemanden zu dem von ihm verübten Verbrechen oder Vergehen vorsätzlich bestimmt hat, wird nach der Strafandrohung, die auf den Täter Anwendung findet, bestraft.

[2] Wer jemanden zu einem Verbrechen zu bestimmen versucht, wird wegen Versuchs dieses Verbrechens bestraft.

Art. 25 - Gehilfenschaft

Wer zu einem Verbrechen oder zu einem Vergehen vorsätzlich Hilfe leistet, kann milder bestraft werden (Art. 65).

Art. 49 - Vollzug

1. Die zuständige Behörde bestimmt dem Verurteilten eine Frist von einem bis zu drei Monaten zur Zahlung. Hat der Verurteilte in der Schweiz keinen festen Wohnsitz, so ist er anzuhalten, die Busse sofort zu bezahlen oder Sicherheit dafür zu leisten.

Die zuständige Behörde kann dem Verurteilten gestatten, die Busse in Teilzahlungen zu entrichten, deren Betrag und Fälligkeit sie nach seinen Verhältnissen bestimmt. Sie kann ihm auch gestatten, die Busse durch freie Arbeit, namentlich für den Staat oder eine Gemeinde abzuverdienen. Die zuständige Behörde kann in diesen Fällen die gewährte Frist verlängern.

2. Bezahlt der Verurteilte die Busse in der ihm bestimmten Zeit nicht und verdient er sie auch nicht ab, so ordnet die zuständige Behörde die Betreibung gegen ihn an, wenn ein Ergebnis davon zu erwarten ist.

3. Bezahlt der Verurteilte die Busse nicht und verdient er sie auch nicht ab, so wird sie durch den Richter in Haft umgewandelt.

Der Richter kann im Urteile selbst oder durch nachträglichen Beschluss die Umwandlung ausschliessen, wenn ihm der Verurteilte nachweist, dass er schuldlos ausserstande ist, die

Busse zu bezahlen. Bei nachträglicher Ausschliessung der Umwandlung ist das Verfahren unentgeltlich.

Im Falle der Umwandlung werden 30 Franken Busse einem Tag Haft gleichgesetzt, doch darf die Umwandlungsstrafe die Dauer von drei Monaten nicht übersteigen. Die Bestimmungen über den bedingten Strafvollzug sind auf die Umwandlungsstrafe anwendbar.

4. Sind die Voraussetzungen von Artikel 41 Ziffer 1 gegeben, so kann der Richter im Urteil anordnen, dass der Eintrag der Verurteilung zu einer Busse im Strafregister zu löschen sei, wenn der Verurteilte bis zum Ablauf einer vom Richter anzusetzenden Probezeit von einem bis zu zwei Jahren nicht wegen einer während dieser Zeit begangenen strafbaren Handlung verurteilt wird und wenn die Busse bezahlt, abverdient oder erlassen ist. Artikel 41 Ziffern 2 und 3 sind sinngemäss anwendbar.

Die Löschung ist von der zuständigen Behörde des mit dem Vollzug betrauten Kantons von Amtes wegen vorzunehmen.

Art. 74 - Vollstreckungsverjährung: Beginn

Die Verjährung beginnt mit dem Tag, an dem das Urteil rechtlich vollstreckbar wird, beim bedingten Strafvollzug oder beim Vollzug einer Massnahme mit dem Tag, an dem der Vollzug der Strafe angeordnet wird.

Art. 75 - Ruhen und Unterbrechung

1. Die Verjährung einer Freiheitsstrafe ruht während des ununterbrochenen Vollzugs dieser oder einer andern Freiheitsstrafe oder sichernden Massnahme, die unmittelbar vorausgehend vollzogen wird, und während der Probezeit bei bedingter Entlassung.

2. Die Verjährung wird unterbrochen durch den Vollzug und durch jede auf Vollstreckung der Strafe gerichtete Handlung der Behörde, der die Vollstreckung obliegt.

Mit jeder Unterbrechung beginnt die Verjährungsfrist neu zu laufen. Jedoch ist die Strafe in jedem Falle verjährt, wenn die ordentliche Verjährungsfrist um die Hälfte überschritten ist.

Art. 100^{quater} - Verantwortlichkeit des Unternehmens

[1] Wird in einem Unternehmen in Ausübung geschäftlicher Verrichtung im Rahmen des Unternehmenszwecks ein Verbrechen oder Vergehen begangen und kann diese Tat wegen mangelhafter Organisation des Unternehmens keiner bestimmten natürlichen Person zugerechnet werden, so wird das Verbrechen oder Vergehen dem Unternehmen zugerechnet. In diesem Fall wird das Unternehmen mit Busse bis zu 5 Millionen Franken bestraft.

[2] Handelt es sich dabei um eine Straftat nach den Artikeln 260ter, 260^{quinquies}, 305bis, 322ter, 322^{quinquies} oder 322^{septies}, so wird das Unternehmen unabhängig von der Strafbarkeit natürlicher Personen bestraft, wenn dem Unternehmen vorzuwerfen ist, dass es nicht alle erforderlichen und zumutbaren organisatorischen Vorkehren getroffen hat, um eine solche Straftat zu verhindern.

61

[3] Das Gericht bemisst die Busse insbesondere nach der Schwere der Tat und der Schwere des Organisationsmangels und des angerichteten Schadens sowie nach der wirtschaftlichen Leistungsfähigkeit des Unternehmens.

[4] Als Unternehmen im Sinne dieses Artikels gelten:

a. juristische Personen des Privatrechts;
b. juristische Personen des öffentlichen Rechts mit Ausnahme der Gebietskörperschaften;
c. Gesellschaften;
d. Einzelfirmen.

Art. 102 - Anwendung der allgemeinen Bestimmungen des Ersten Teils

Die Bestimmungen des Ersten Teils gelten mit den nachfolgenden Änderungen auch für die Übertretungen.

Art. 109 - Verjährung

Die Strafverfolgung von Übertretungen verjährt in drei Jahren, die Strafe einer Übertretung in zwei Jahren.

Art. 345 - Sachliche Zuständigkeit

1. Die Kantone bestimmen die Behörden, denen die Verfolgung und Beurteilung der in diesem Gesetze vorgesehenen, der kantonalen Gerichtsbarkeit unterstellten strafbaren Handlungen obliegt.

Die Beurteilung von Übertretungen kann auch einer Verwaltungsbehörde übertragen werden.

2. Die Kantone bestimmen die Behörden, die den Beschluss des Richters auf Verwahrung, Behandlung oder Versorgung von Unzurechnungsfähigen oder vermindert Zurechnungsfähigen zu vollziehen oder diese Massnahmen aufzuheben haben.

Art. 348 - Gerichtsstand bei strafbaren Handlungen im Auslande

[1] Ist die strafbare Handlung im Auslande verübt worden, oder ist der Ort der Begehung der Tat nicht zu ermitteln, so sind die Behörden des Ortes zuständig, wo der Täter wohnt. Hat der Täter keinen Wohnort in der Schweiz, so sind die Behörden des Heimatortes zuständig. Hat der Täter in der Schweiz weder Wohnort noch Heimatort, so ist der Gerichtsstand an dem Orte, wo der Täter betreten wird, begründet.

[2] Ist keiner dieser Gerichtsstände begründet, so sind die Behörden des Kantons zuständig, der die Auslieferung veranlasst hat. Die kantonale Regierung bestimmt in diesem Falle die örtlich zuständige Behörde.

Verwaltungsstrafrecht (VStrR)

Art. 11 – Abweichung vom StGB / Verjährung

[1] Eine Übertretung verjährt in zwei Jahren.

[2] Besteht jedoch die Übertretung in einer Hinterziehung oder Gefährdung von Abgaben oder im unrechtmässigen Erlangen einer Rückerstattung, Ermässigung oder eines Erlasses von Abgaben, so beträgt die Verjährungsfrist fünf Jahre; sie kann durch Unterbrechung nicht um mehr als die Hälfte hinausgeschoben werden.

[3] Die Verjährung ruht bei Vergehen und Übertretungen während der Dauer eines Einsprache-, Beschwerde- oder gerichtlichen Verfahrens über die Leistungs- oder Rückleistungspflicht oder über eine andere nach dem einzelnen Verwaltungsgesetz zu beurteilende Vorfrage oder solange der Täter im Ausland eine Freiheitsstrafe verbüsst.

[4] Die Strafe einer Übertretung verjährt in fünf Jahren.

Ordnungsbussengesetz (OBG)

Art. 1 - Grundsatz

[1] Übertretungen der Strassenverkehrsvorschriften des Bundes können nach diesem Gesetz in einem vereinfachten Verfahren mit Ordnungsbussen geahndet werden (Ordnungsbussenverfahren).

[2] Die Höchstgrenze der Ordnungsbussen beträgt 300 Franken.

[3] Vorleben und persönliche Verhältnisse des Täters werden nicht berücksichtigt.

Art. 2 - Ausnahmen

Das Verfahren nach diesem Gesetz ist ausgeschlossen:

a. bei Widerhandlungen, durch die der Täter Personen gefährdet oder verletzt oder Sachschaden verursacht hat;
b. bei Widerhandlungen, die nicht von einem ermächtigten Polizeiorgan selber beobachtet wurden, ausser bei Geschwindigkeitskontrollen und der Feststellung von Übertretungen durch automatische Überwachungsanlagen nach den Weisungen des Eidgenössischen Departements für Umwelt, Verkehr, Energie und Kommunikation[2];
c. bei Widerhandlungen von Kindern;
d. wenn dem Täter zusätzlich eine Widerhandlung vorgeworfen wird, die nicht in der Bussenliste aufgeführt ist.

Art. 3a - Zusammentreffen mehrerer Übertretungen

[1] Erfüllt der Täter durch eine oder mehrere Widerhandlungen mehrere Ordnungsbussentatbestände, so werden die Bussen zusammengezählt, und es wird eine Gesamtbusse auferlegt. Der Bundesrat regelt die Ausnahmen.

[2] Lehnt der Täter das Ordnungsbussenverfahren für eine von mehreren ihm vorgeworfenen Übertretungen ab, oder übersteigt die Summe mehrerer Bussenbeträge das Doppelte der Höchstgrenze nach Artikel 1 Absatz 2, so werden alle Übertretungen im ordentlichen Verfahren beurteilt.

Art. 6 - Bezahlung

[1] Der Täter kann die Busse sofort oder innert 30 Tagen bezahlen.

[2] Bei sofortiger Bezahlung wird eine Quittung ausgestellt, die den Namen des Täters nicht nennt.

[3] Bezahlt der Täter die Busse nicht sofort, so erhält er ein Bedenkfristformular. Zahlt er innert Frist, so wird das Formular vernichtet. Andernfalls leitet die Polizei das ordentliche Verfahren ein.

Art. 7 - Kosten

Im Ordnungsbussenverfahren dürfen keine Kosten erhoben werden.

Art. 8 - Rechtskraft

Mit der Bezahlung wird die Busse rechtskräftig, unter Vorbehalt von Artikel 11 Absatz 2.

Art. 9 - Täter ohne Wohnsitz in der Schweiz

Bezahlt ein Täter, der nicht in der Schweiz Wohnsitz hat, die Busse nicht sofort, so hat er den Betrag zu hinterlegen oder eine andere angemessene Sicherheit zu leisten.

Art. 10 - Ablehnung, Verzeigung

[1] Die Polizeiorgane sind verpflichtet, dem Täter mitzuteilen, dass er das Ordnungsbussenverfahren ablehnen kann.

[2] Lehnt der Täter das Verfahren ab, so werden das ordentliche Strafrecht und die kantonalen Zuständigkeits- und Verfahrensvorschriften für Übertretungen angewendet.

Art. 11 - Ordnungsbusse und ordentliches Verfahren

[1] Eine Ordnungsbusse kann auch im ordentlichen Strafverfahren ausgefällt werden.

[2] Stellt der Richter auf Veranlassung eines von der Tat Betroffenen oder des Täters fest, dass Artikel 2 missachtet wurde, so hebt er die Ordnungsbusse auf und wendet das ordentliche Verfahren an.

Ordnungsbussenverordnung (OBV)

Art. 1 - Bussenliste

Die Übertretungen von Strassenverkehrsvorschriften, die mit Ordnungsbussen geahndet werden, sind mit den entsprechenden Bussenbeträgen in Anhang 1 aufgeführt.

Art. 2 - Zusammentreffen mehrerer Widerhandlungen

Erfüllt die Täterin oder der Täter durch eine Widerhandlung mehrere Ordnungsbussentatbestände, so werden die Bussen nur dann nicht zusammengezählt, wenn:

a. mit dem Parkieren oder Halten des Motorfahrzeugs im Halteverbot zusätzlich ein anderer Tatbestand des ruhenden Verkehrs nach Anhang 1, 2. Kapitel erfüllt ist;

b. eine Person für den Sachverhalt gleichzeitig als Fahrzeughalterin und Fahrzeugführerin bzw. als Fahrzeughalter und Fahrzeugführer nach Anhang 1, 4. und 5. Kapitel verantwortlich ist;

c. zwei oder mehr allgemeine Verkehrsregeln, Signale oder Markierungen missachtet werden, die denselben Schutzzweck haben.

Strassenverkehrsgesetz der Schweiz (SVG)

Art. 16 - Entzug der Ausweise

[1] Ausweise und Bewilligungen sind zu entziehen, wenn festgestellt wird, dass die gesetzlichen Voraussetzungen zur Erteilung nicht oder nicht mehr bestehen; sie können entzogen werden, wenn die mit der Erteilung im Einzelfall verbundenen Beschränkungen oder Auflagen missachtet werden.

[2] Nach Widerhandlungen gegen die Strassenverkehrsvorschriften, bei denen das Verfahren nach dem Ordnungsbussengesetz vom 24. Juni 1970 ausgeschlossen ist, wird der Lernfahr- oder Führerausweis entzogen oder eine Verwarnung ausgesprochen.

[3] Bei der Festsetzung der Dauer des Lernfahr- oder Führerausweisentzugs sind die Umstände des Einzelfalls zu berücksichtigen, namentlich die Gefährdung der Verkehrssicherheit, das Verschulden, der Leumund als Motorfahrzeugführer sowie die berufliche Notwendigkeit, ein Motorfahrzeug zu führen. Die Mindestentzugsdauer darf jedoch nicht unterschritten werden.

[4] Der Fahrzeugausweis kann auf angemessene Dauer entzogen werden:

a. wenn Ausweis oder Kontrollschilder missbräuchlich verwendet wurden;

b. solange die Verkehrssteuern oder -gebühren für Fahrzeuge desselben Halters nicht entrichtet sind.

Art. 32 – Geschwindigkeit

[1] Die Geschwindigkeit ist stets den Umständen anzupassen, namentlich den Besonderheiten von Fahrzeug und Ladung, sowie den Strassen-, Verkehrs- und Sichtverhältnissen. Wo das Fahrzeug den Verkehr stören könnte, ist langsam zu fahren und nötigenfalls anzuhalten, namentlich vor unübersichtlichen Stellen, vor nicht frei überblickbaren Strassenverzweigungen sowie vor Bahnübergängen.

[2] Der Bundesrat beschränkt die Geschwindigkeit der Motorfahrzeuge auf allen Strassen.

[3] Die vom Bundesrat festgesetzte Höchstgeschwindigkeit kann für bestimmte Strassenstrecken von der zuständigen Behörde nur auf Grund eines Gutachtens herab- oder heraufgesetzt werden. Der Bundesrat kann Ausnahmen vorsehen.

Art. 90 - Verletzung der Verkehrsregeln

1. Wer Verkehrsregeln dieses Gesetzes oder der Vollziehungsvorschriften des Bundesrates verletzt, wird mit Haft oder mit Busse bestraft.

2. Wer durch grobe Verletzung der Verkehrsregeln eine ernstliche Gefahr für die Sicherheit anderer hervorruft oder in Kauf nimmt, wird mit Gefängnis oder mit Busse bestraft.

3. Artikel 237 Ziffer 2 des Strafgesetzbuches findet in diesen Fällen keine Anwendung.

Art. 91 - Fahren in fahrunfähigem Zustand

[1] Wer in angetrunkenem Zustand ein Motorfahrzeug führt, wird mit Haft oder mit Busse bestraft. Die Strafe ist Gefängnis oder Busse, wenn eine qualifizierte Blutalkoholkonzentration (Art. 55 Abs. 6) vorliegt.

[2] Wer aus anderen Gründen fahrunfähig ist und ein Motorfahrzeug führt, wird mit Gefängnis oder mit Busse bestraft.

[3] Wer in fahrunfähigem Zustand ein motorloses Fahrzeug führt, wird mit Haft oder mit Busse bestraft.

Art. 91a - Vereitelung von Massnahmen zur Feststellung der Fahrunfähigkeit

[1] Wer sich als Motorfahrzeugführer vorsätzlich einer Blutprobe, einer Atemalkoholprobe oder einer anderen vom Bundesrat geregelten Voruntersuchung, die angeordnet wurde oder mit deren Anordnung gerechnet werden musste, oder einer zusätzlichen ärztlichen Untersuchung widersetzt oder entzogen oder den Zweck dieser Massnahmen vereitelt hat, wird mit Gefängnis oder mit Busse bestraft.

[2] Hat der Täter ein motorloses Fahrzeug geführt oder war er als Strassenbenützer an einem Unfall beteiligt, so ist die Strafe Haft oder Busse.

Art. 92 - Pflichtwidriges verhalten bei Unfall

[1] Wer bei einem Unfall die Pflichten verletzt, die ihm dieses Gesetz auferlegt, wird mit Haft oder mit Busse bestraft.

[2] Ergreift ein Fahrzeugführer, der bei einem Verkehrsunfall einen Menschen getötet oder verletzt hat, die Flucht, so wird er mit Gefängnis bestraft.

Art. 93 - Nicht betriebssichere Fahrzeuge

1. Wer vorsätzlich die Betriebssicherheit eines Fahrzeuges beeinträchtigt, sodass die Gefahr eines Unfalles entsteht, wird mit Gefängnis oder mit Busse bestraft.

Handelt der Täter fahrlässig, so ist die Strafe Haft oder Busse.

2. Wer ein Fahrzeug führt, von dem er weiss oder bei pflichtgemässer Aufmerksamkeit wissen kann, dass es den Vorschriften nicht entspricht, wird mit Haft oder mit Busse bestraft.

Der Halter oder wer wie ein Halter für die Betriebssicherheit eines Fahrzeuges verantwortlich ist, untersteht der gleichen Strafdrohung, wenn er wissentlich oder aus Sorglosigkeit den Gebrauch des nicht den Vorschriften entsprechenden Fahrzeuges duldet.

Art. 94 - Entwendung zum Gebrauch

1. Wer ein Motorfahrzeug zum Gebrauch entwendet und wer ein solches Fahrzeug führt oder darin mitfährt, obwohl er bei Antritt der Fahrt von der Entwendung Kenntnis hatte, wird mit Gefängnis oder mit Busse bestraft.

Ist einer der Täter ein Angehöriger oder Familiengenosse des Halters und hatte der Führer den erforderlichen Führerausweis, so erfolgt die Bestrafung nur auf Antrag; die Strafe ist Haft oder Busse.

2. Wer ein ihm anvertrautes Motorfahrzeug zu Fahrten verwendet, zu denen er offensichtlich nicht ermächtigt ist, wird auf Antrag mit Haft oder mit Busse bestraft.

3. Wer ein Fahrrad unberechtigt verwendet, wird mit Haft oder mit Busse bestraft. Ist der Täter ein Angehöriger oder Familiengenosse des Besitzers, so erfolgt die Bestrafung nur auf Antrag.

4. Der Artikel 141 des Strafgesetzbuches findet in diesen Fällen keine Anwendung.

Art. 97 - Missbrauch von Ausweisen und Schildern

1. Wer Ausweise oder Kontrollschilder verwendet, die nicht für ihn oder sein Fahrzeug bestimmt sind,

wer ungültige oder entzogene Ausweise oder Kontrollschilder trotz behördlicher Aufforderung nicht abgibt, wer andern Ausweise oder Kontrollschilder zur Verwendung überlässt, die nicht für sie oder ihre Fahrzeuge bestimmt sind,

wer vorsätzlich durch unrichtige Angaben, Verschweigen erheblicher Tatsachen oder Vorlage von falschen Bescheinigungen einen Ausweis oder eine Bewilligung erschleicht,

wer Kontrollschilder oder Fahrradkennzeichen verfälscht oder falsche zur Verwendung herstellt,

wer falsche oder verfälschte Kontrollschilder oder Fahrradkennzeichen verwendet,

wer sich vorsätzlich Kontrollschilder oder Fahrradkennzeichen widerrechtlich aneignet, um sie zu verwenden oder andern zum Gebrauch zu überlassen,

wird mit Gefängnis oder mit Busse bestraft.

2. Die besondern Bestimmungen des Strafgesetzbuches1 finden in diesen Fällen keine Anwendung

Art. 101 - Widerhandlungen im Ausland

[1] Wer im Ausland eine Verletzung von Verkehrsregeln oder eine andere bundesrechtlich mit Freiheitsstrafe bedrohte Widerhandlung im Strassenverkehr begeht und am Tatort strafbar ist, wird auf Ersuchen der zuständigen ausländischen Behörde in der Schweiz verfolgt, sofern er in der Schweiz wohnt und sich hier aufhält und sich der ausländischen Strafgewalt nicht unterzieht.

[2] Der Richter wendet die schweizerischen Strafbestimmungen an, verhängt jedoch keine Freiheitsstrafe, wenn das Recht des Begehungsortes keine solche androht.

Art. 104a - Fahrzeug- und Fahrzeughalterregister

[1] Der Bund führt in Zusammenarbeit mit den Kantonen ein automatisiertes Fahrzeug- und Fahrzeughalterregister (MOFIS).

[2] Das Register dient der Erfüllung folgender gesetzlicher Aufgaben:

a. Kontrolle der Verkehrszulassung, Fahrzeugversicherung, Verzollung und Versteuerung nach Automobilsteuergesetz vom 21. Juni 1996;
b. Erstellung der Fahrzeugstatistik;
c. Identifikation des Halters, Verkehrsopferschutz und Fahndung;
d. Belegung und Einmietung der Fahrzeuge für die Armee, den Zivilschutz und die wirtschaftliche Landesversorgung.

[3] Das Register enthält alle in der Schweiz gegenwärtig und früher zugelassenen Fahrzeuge, die Namen, Geburtsdaten, Adressen und Heimatstaaten der Halter sowie Angaben zu deren Haftpflichtversicherung.

[4] Neben dem für die Führung des Registers zuständigen Bundesamt bearbeiten folgende Behörden im Register die Personen- und Fahrzeugdaten:

a. die für die Erteilung und den Entzug der Fahrzeugausweise zuständigen Behörden des Bundes und der Kantone;
b. die für die Aufgabenerfüllung nach Absatz 2 Buchstabe d zuständige Behörde.

[5] Folgende Stellen können durch ein Abrufverfahren Einsicht in das Register nehmen:

a. die für die Fahrzeugprüfungen zuständigen Behörden des Bundes und der Kantone;
b. das Bundesamt für Statistik in die Fahrzeugdaten;
c. das Nationale Versicherungsbüro und der Nationale Garantiefonds, soweit dies zur Erfüllung ihrer Aufgaben erforderlich ist. Diese sind im Rahmen der Bestimmungen dieses Gesetzes befugt, Daten aus dem Register an Dritte weiterzugeben.
d. die Polizei- und Zollorgane in die erforderlichen Daten für die Kontrolle der Verkehrszulassung, die Identifikation des Halters und seines Versicherers sowie die Fahndung;
e. die Zollorgane in die für die Kontrolle der Verzollung und der Versteuerung nach Automobilsteuergesetz vom 21. Juni 1996 erforderlichen Daten.

[6] Der Bundesrat legt die Einzelheiten fest, insbesondere:

a. die Verantwortung für die Datenbearbeitung;
b. den Katalog der zu erfassenden Daten und deren Aufbewahrungsfristen;
c. das Meldeverfahren;
d. die Datenberichtigung;
e. die Organisation und den Betrieb des automatisierten Datensystems;
f. die Zusammenarbeit mit den betroffenen Behörden und Organisationen;
g. die Behörden, denen Daten im Einzelfall bekannt gegeben werden können;
h. die Datensicherheit.

[7] Der Bundesrat kann den Behörden des Fürstentums Liechtenstein, welche Aufgaben nach den Absätzen 4 und 5 erfüllen, die Beteiligung an Führung und Nutzung des Registers bewilligen.

Art. 106 - Ausführung des Gesetzes

[1] Der Bundesrat erlässt die zum Vollzug dieses Gesetzes notwendigen Vorschriften und bezeichnet die zur Durchführung zuständigen eidgenössischen Behörden. Er kann das Bundesamt für Strassen zur Regelung von Einzelheiten ermächtigen.

[2] Im übrigen führen die Kantone dieses Gesetz durch. Sie treffen die dafür notwendigen Massnahmen und bezeichnen die zuständigen kantonalen Behörden.

[3] Die Kantone bleiben zuständig zum Erlass ergänzender Vorschriften über den Strassenverkehr, ausgenommen für Motorfahrzeuge und Fahrräder sowie für Eisenbahnfahrzeuge.

[4] Der Bundesrat kann Fragen der Durchführung dieses Gesetzes durch Sachverständige oder Fachkommissionen begutachten lassen.

69

[5] Beim Auftreten neuer technischer Erscheinungen auf dem Gebiete des Strassenverkehrs sowie zur Durchführung zwischenstaatlicher Vereinbarungen kann der Bundesrat die vorläufigen Massnahmen treffen, die sich bis zur gesetzlichen Regelung als notwendig erweisen.

[6] Für die Personen, die im Genuss der diplomatischen Vorrechte und Befreiungen stehen, kann der Bundesrat die Zuständigkeit der Behörden abweichend regeln und die weiteren Ausnahmen von diesem Gesetz vorsehen, die sich aus den völkerrechtlichen Gepflogenheiten ergeben.

[7] Der Bundesrat kann mit ausländischen Staaten Vereinbarungen abschliessen über den grenzüberschreitenden Motorfahrzeugverkehr. Im Rahmen solcher Vereinbarungen kann er:

   a. auf den Umtausch des Führerausweises bei Wohnsitzwechsel über die Landesgrenzen verzichten;
   b. Bewilligungen vorsehen für Fahrten von schweizerischen und ausländischen Fahrzeugen, welche die in Artikel 9 festgelegten Gewichte überschreiten; die Bewilligungen erteilt er nur ausnahmsweise und soweit es die Interessen der Verkehrssicherheit und des Umweltschutzes gestatten.

[8] Der Bundesrat kann Fahrten ausländischer Fahrzeuge verbieten, kontingentieren, der Bewilligungspflicht unterstellen oder andern Beschränkungen unterwerfen, wenn ein ausländischer Staat gegenüber schweizerischen Fahrzeugen und deren Führern solche Massnahmen anordnet oder strengere Verkehrsvorschriften anwendet als für die eigenen Fahrzeuge und deren Führer.

[9] Der Bundesrat kann völkerrechtliche Verträge über den Bau und die Ausrüstung von Fahrzeugen, die Ausrüstung der Fahrzeugbenützer und über die gegenseitige Anerkennung damit zusammenhängender Prüfungen abschliessen. Das Eidgenössische Departement für Umwelt, Verkehr, Energie und Kommunikation kann Änderungen technischer Regelungen zu solchen Verträgen übernehmen, wenn das schweizerische Recht nicht angepasst werden muss. Es kann auch Änderungen der Anlagen des Europäischen Übereinkommens vom 30. September 1957 über die internationale Beförderung gefährlicher Güter auf der Strasse übernehmen.

[10] Der Bundesrat kann die Ausführung bestimmter Arbeiten an Fahrzeugen einer Bewilligungspflicht unterstellen, soweit die Verkehrssicherheit oder der Umweltschutz dies erfordern. Er legt die Bewilligungsvoraussetzungen fest und regelt die Aufsicht.

Rechtshilfegesetz der Schweiz (IRSG)

Art. 4 - Bagatellfälle

Ein Ersuchen wird abgelehnt, wenn die Bedeutung der Tat die Durchführung des Verfahrens nicht rechtfertigt.

Art. 35 - Auslieferungsdelikte

[1] Die Auslieferung ist zulässig, wenn nach den Unterlagen des Ersuchens die Tat

a. nach dem Recht sowohl der Schweiz als auch des ersuchenden Staates mit einer freiheitsbeschränkenden Sanktion im Höchstmass von mindestens einem Jahr oder mit einer schwereren Sanktion bedroht ist und

b. nicht der schweizerischen Gerichtsbarkeit unterliegt.

[2] Bei der Beurteilung der Strafbarkeit nach schweizerischem Recht werden dessen besondere Schuldformen und Strafbarkeitsbedingungen nicht berücksichtigt, auch nicht die Bedingungen des persönlichen und zeitlichen Geltungsbereichs des Militärstrafgesetzes hinsichtlich der Strafvorschriften über Verletzung des Völkerrechts im Falle bewaffneter Konflikte und Plünderung sowie Kriegsraub.

Art. 68 - Zustellungen. Allgemein

[1] Schriftstücke, um deren Zustellung eine schweizerische Behörde ersucht wird, können durch einfache Übergabe an den Empfänger oder mit der Post zugestellt werden.

[2] Der Bundesrat kann die Zustellung von Schriftstücken aus dem Ausland unmittelbar an Empfänger in der Schweiz als zulässig erklären. Er regelt die Voraussetzungen.

[3] Die Zustellung gilt als erfolgt, wenn die Annahme der Urkunde oder die Verweigerung ihrer Annahme schriftlich bestätigt ist.

Art. 105 - Zuständiger Richter (Exequaturverfahren)

Der nach Artikel 348 des Strafgesetzbuches zuständige Richter unterrichtet den Verurteilten über das Verfahren, hört ihn und seinen Rechtsbeistand zur Sache an und entscheidet über die Vollstreckung.

Art. 106 - Vollstreckbarerklärung (Exequaturverfahren)

[1] Der Richter prüft von Amtes wegen, ob die Voraussetzungen der Vollstreckung gegeben sind, und erhebt die nötigen Beweise.

[2] Sind die Voraussetzungen erfüllt, so erklärt der Richter den Entscheid für vollstreckbar und trifft die für die Vollstreckung erforderlichen Anordnungen.

[3] Der Entscheid hat in Form eines begründeten Urteils zu erfolgen. Das kantonale Recht stellt ein Rechtsmittel zur Verfügung.

Rechtshilfeverordnung der Schweiz (IRSV)

Art. 30 - Direkte Zustellung

[1] Schriftstücke für Personen mit Wohnsitz in der Schweiz, die im ausländischen Staat nicht selber verfolgt werden, dürfen den Empfängern unmittelbar mit der Post zugestellt werden; ausgenommen sind Vorladungen.

[2] Schriftstücke in Strafsachen wegen Übertretung von Strassenverkehrsvorschriften dürfen Empfängern in der Schweiz unmittelbar mit der Post zugestellt werden.

71

Aufenthalt und Niederlassung der Ausländer (ANAG)

Art. 10 - Ausweisung

[1] Der Ausländer kann aus der Schweiz oder aus einem Kanton nur ausgewiesen werden:

a.   wenn er wegen eines Verbrechens oder Vergehens gerichtlich bestraft wurde;
b.   wenn sein Verhalten im Allgemeinen und seine Handlungen darauf schliessen lassen, dass er nicht gewillt oder nicht fähig ist, sich in die im Gaststaat geltende Ordnung einzufügen;
c.   wenn er infolge Geisteskrankheit die öffentliche Ordnung gefährdet;
d.   wenn er oder eine Person, für die er zu sorgen hat, der öffentlichen Wohltätigkeit fortgesetzt und in erheblichem Masse zur Last fällt.

[2] Die Ausweisung nach Absatz 1 Buchstabe c oder d darf nur verfügt werden, wenn dem Ausgewiesenen die Heimkehr in seinen Heimatstaat möglich und zumutbar ist.

[3] Die Ausweisung soll nur ausnahmsweise auf das Gebiet eines Kantons beschränkt werden und nur dann, wenn der Ausländer in einem anderen Kanton eine Anwesenheitsbewilligung besitzt oder erhält.

[4] Die Ausweisung wegen Gefährdung der inneren oder äusseren Sicherheit der Eidgenossenschaft, gemäss Bundesverfassung, und diejenige durch strafgerichtliches Urteil bleiben von diesem Gesetz unberührt.

Verordnung über das automatisierte Fahndungssystem (RIPOL)

Art. 19 - Aufbewahrungsdauer

[1] Sobald eine Personenausschreibung oder eine Fahrzeugfahndung gegenstandslos geworden ist, werden die Daten im RIPOL gelöscht.

[2] Für Personenausschreibungen gelten folgende Bestimmungen:

a.   die Daten über Personenausschreibungen werden höchstens bis zur gesetzlichen Verfolgungs- oder Vollstreckungsverjährung aufbewahrt.
b.   Die Daten über die Bekanntgabe der Aberkennung ausländischer Führerausweise werden bis zum Ablauf der Aberkennung, jedoch längstens bis zum 80. Altersjahr, aufbewahrt.
c.   Die Daten über Fernhaltemassnahmen gegen Ausländer nach Artikel 2 Buchstabe d werden bis zum Ablauf der Gültigkeit, jedoch längstens bis zum 80. Altersjahr, aufbewahrt.
d.   Die Daten über Vermisstmeldungen werden zehn Jahre aufbewahrt. In begründeten Fällen kann diese Dauer um höchstens zehn Jahre erstreckt werden.

[3] Die Daten über Fahrzeugfahndungen werden höchstens zehn Jahre aufbewahrt.

[4] Für ungeklärte Straftaten und Sachfahndung gelten folgende Bestimmungen:

a.   Ausschreibungen sind längstens abrufbar bis:
      1.   die Täterschaft ermittelt werden konnte,
      2.   die gesuchte Sache aufgefunden worden ist und nach keiner Täterschaft gefahndet wird,
      3.   die Täterschaft ermittelt und die gesuchte Sache aufgefunden worden ist,
      4.   die Straftat absolut verjährt ist.

b.   Ist eine unter Buchstabe a Ziffern 1–3 aufgeführten Voraussetzungen eingetreten, bleiben die Daten noch ein Jahr in der gleichen Verbreitung abrufbar. Während dieser Zeit können die Daten gemäss den Weisungen des Departementes durch die ausschreibende Behörde mutiert werden (löschen, ändern, ergänzen usw.). Nach Ablauf dieser Frist sind die Daten nicht mehr mutierbar und nur noch durch den ausschreibenden Kanton abrufbar. Die Daten verbleiben bei Straftaten mit einer Strafandrohung bis zu fünf Jahren Gefängnis noch längstens fünf Jahre, bei Straftaten mit einer Strafandrohung von fünf oder mehr Jahren Gefängnis oder Zuchthaus noch längstens zehn Jahre im System.

c.   Übertretungen werden nach Ablauf eines Jahres nach Buchstabe b gelöscht. Im gleichen Zeitpunkt sind Daten über Zeugen, gesetzliche Vertreter und über Inhaber von Ausweisschriften zu löschen.

6.2. *Erlasse der Schweizerischen Kantone*

Graubünden – Gesetz über die Strafrechtspflege

Art. 90 - Zeugnisverweigerung

[1] Der Ehegatte oder Verlobte des Angeschuldigten, seine Bluts-, Adoptiv- und Stiefverwandten oder Verschwägerten bis und mit dem dritten Grad können das Zeugnis verweigern.

[2] Der Zeuge kann die Aussage verweigern, die ihn selbst oder einen Verwandten im Sinne des vorstehenden Absatzes der Gefahr strafrechtlicher Verfolgung aussetzen würde.

[3] Geistliche, Ärzte, Anwälte, Notare und ihre Hilfspersonen können die Mitteilung von Tatsachen verweigern, die ihnen in ihrer Amts- oder Berufsstellung anvertraut worden sind.

[4] Der Untersuchungsrichter macht den Zeugen auf das Recht der Zeugnisverweigerung vor Beginn des Verhörs aufmerksam. Der Verzicht auf das Recht der Zeugnisverweigerung kann jederzeit widerrufen werden. Die vor dem Widerruf gemachten Aussagen bleiben gültig.

Graubünden – GAV zum SVG

Art. 4 - Zeugeneinvernahme, Auskunftserteilung

[1] Die Kantonspolizei und die im Sinne von Artikel 13 Absatz 3 dazu ermächtigten Polizeiorgane der Gemeinden sind berechtigt, bei der Abklärung von Verkehrsunfällen im polizeilichen Ermittlungsverfahren Zeugen einzuvernehmen. Diese sind vor der Einvernahme zur Wahrheit zu ermahnen und ausdrücklich auf die Bestimmungen des Schweizerischen Strafgesetzbuches über falsches Zeugnis hinzuweisen.

[2] Der Halter eines Motorfahrzeuges oder Fahrrades ist verpflichtet, der Polizei darüber Auskunft zu erteilen, wer das Fahrzeug geführt oder wem er es überlassen hat. Diese Auskunftspflicht entfällt, wenn die Voraussetzung des Zeugnisverweigerungsrechtes im Sinne von Artikel 90 Strafprozessordnung erfüllt ist.

[3] Der gewerbsmässige Vermieter von Motorfahrzeugen oder Fahrrädern hat ein Verzeichnis der Mieter zu führen, das der Polizei jederzeit zur Einsichtnahme offen steht.

Appenzell-Ausserrhoden - Strafprozessordnung

Art. 74 - Recht zur Zeugnisverweigerung und seine Ausnahmen

Von der Zeugnispflicht sind ausgenommen:
1. der Ehegatte, die Bluts-, Adoptiv- und Stiefverwandten in auf- und absteigender Linie, die Geschwister, der Schwager und die Schwägerin des Beschuldigten. Besteht die das familiäre Verhältnis begründende Ehe nicht mehr, so gilt das Recht zur Zeugnisverweigerung für Tatsachen, welche sich vor der Eheauflösung zugetragen haben.
2. Mitglieder von Behörden und Beamte über Tatsachen, die unter das Amtsgeheimnis fallen, solange sie von der zuständigen Behörde nicht zur Aussage ermächtigt werden.
3. Berufspersonen, welche hinsichtlich der ihnen mitgeteilten oder von ihnen wahrgenommenen Geheimnisse nach Art. 321 StGB zur Verschwiegenheit verpflichtet sind.
4. Redaktoren und gleichgestellte Personen nach Art. 27 Ziff. 3 Abs. 2 StGB
[2] Richtet sich die Straftat gegen eine in Abs. 1 Ziff. 1 genannte Person, so besteht für diese und ihre Angehörigen kein Recht zur Zeugnisverweigerung.
[3] Soweit jemand gesetzlich zur Anzeige einer Straftat verpflichtet ist, besteht hinsichtlich des Gegenstandes der anzeigepflichtigen Tatsache kein Recht auf Zeugnisverweigerung.
[4] Das Zeugnisverweigerungsrecht nach Abs. 1 Ziff. 1 ist nicht gegeben, wenn es sich bei der Straftat ausschliesslich um eine Übertretung handelt.

Art. 75 - Recht zur Antwortverweigerung

Der Zeuge darf die Antwort auf Fragen verweigern, wenn er glaubhaft versichert, der Inhalt der Aussage könnte ihn oder eine der in Art. 74 Abs. 1 Ziff. 1 genannten Personen der strafrechtlichen Verfolgung aussetzen.

Art. 76 - Ausübung des Rechts zur Zeugnis- oder Antwortverweigerung

[1] Das Recht zur Zeugnis- oder Antwortverweigerung kann jederzeit geltend gemacht werden.
[2] Aussagen, welche nach Belehrung über das Recht zur Zeugnis- oder Antwortverweigerung gemacht wurden, sind trotz nachträglicher Verweigerung verwertbar.

Zürich - Verkehrsabgabengesetz

§ 15 - Pflichten des Halters

Der Halter eines Motorfahrzeuges oder Fahrrades ist verpflichtet, der Polizei Auskunft zu geben, wer das Fahrzeug geführt oder wem er es überlassen hat. Vorbehalten bleibt das Recht, der Polizei in sinngemässer Anwendung der Bestimmungen der Strafprozessordnung 2 über das Zeugnisverweigerungsrecht die Auskunft zu verweigern.

Der gewerbsmässige Vermieter von Motorfahrzeugen oder Fahrrädern hat ausserdem ein Verzeichnis der Mieter zu führen, in das die Polizei jederzeit Einsicht nehmen kann.

Der Halter eines Motorfahrzeuges oder Anhängers ist verpflichtet, den Verlust von Kontrollschildern oder Fahrzeugausweisen unverzüglich der ausstellenden Behörde zu melden. Abhandengekommene, beschädigte oder unleserlich gewordene Kontrollschilder und Ausweise werden auf Kosten des Halters ersetzt.

Zürich - Gesetz betreffend den Strafprozess

§ 129 - Zeugnisverweigerungsrecht

Das Zeugnis können verweigern:
1. die Bluts-, Adoptiv- und Stiefverwandten und die Verschwägerten des Angeschuldigten in auf- und absteigender Linie, seine Brüder und Schwestern, seine Schwäger und Schwägerinnen;
2. der Ehegatte des Angeschuldigten; der geschiedene Ehegatte, sofern sich das Zeugnis auf die Zeit vor der Scheidung bezieht;
3. die Lebenspartnerin oder der Lebenspartner des Angeschuldigten, sofern die beiden seit mindestens einem Jahr in einem gemeinsamen Haushalt leben; im Falle der Beendigung des gemeinsamen Haushaltes, sofern sich das Zeugnis auf die Zeit vor der Beendigung bezieht.

§ 131 - Verweigerung der Beantwortung von Fragen

Der Zeuge kann die Beantwortung von Fragen verweigern, die ihn oder einen der in § 129 genannten Angehörigen der Gefahr strafrechtlicher Verfolgung aussetzen würde.
Opfer im Sinne von Art. 2 des Opferhilfegesetzes 9 können die Aussage zu Fragen verweigern, die ihre Intimsphäre betreffen.

Bern - Gesetz über das Strafverfahren

Art. 172 - Festnahme / a Zuführung auf den Polizeiposten

[1] Angehaltene können auf einen Polizeiposten gebracht werden, wenn es nicht möglich ist, die nötigen Abklärungen über die Identität an Ort und Stelle vorzunehmen oder wenn erhebliche Zweifel an der Richtigkeit der Angaben der angehaltenen Person, an der Echtheit ihrer Ausweispapiere oder am rechtmässigen Besitz von Fahrzeugen oder andern Sachen bestehen. Der Grund der Festnahme ist der angehaltenen Person bekanntzugeben.

[2] Handelt es sich bei der in Frage stehenden strafbaren Handlung um eine Übertretung, ist das Verbringen auf den Polizeiposten nur zulässig, wenn

1. die betroffene Person unbekannt ist und sich nicht gehörig ausweisen kann oder will;

2. Angehaltene keinen Wohnsitz im Kanton Bern haben und für den Vollzug des zu erwartenden Urteils keine genügende Sicherheit leisten;

3. dies nötig ist, um Angehaltene an der Fortsetzung einer Störung der öffentlichen Ruhe und Ordnung zu hindern.

[3] Wird in Fällen von Absatz 2 Ziffer 2 die verlangte Sicherheit nicht geleistet, kann die Polizei Wertsachen oder Fahrzeuge der angehaltenen Person zurückbehalten.

Schaffhausen – Strafprozessordnung

Art. 112 - Zeugnisverweigerungsrecht

[1] Das Zeugnis können verweigern:

a) wer mit der beschuldigten Person verheiratet oder verlobt ist oder in einer anderen Form mit ihr ständig zusammenlebt,

b) die Verwandten und Verschwägerten des Beschuldigten in gerader Linie oder bis im zweiten Grad in der Seitenlinie,

c) Pflegeeltern und Pflegekinder des Beschuldigten,

d) Vormund und Beirat des Beschuldigten,

[2] Die Zeugnisverweigerungsrechte gemäss lit. a und b gelten auch, wenn die Ehe, die das Angehörigenverhältnis begründet, nicht mehr besteht.

Art. 113 - Allgemeines Auskunftsverweigerungsrecht

Jeder Zeuge darf die Auskunft über Tatsachen verweigern, welche ihm selber oder einer ihm im Sinne von Art. 112 nahestehenden Person strafrechtlich zur Last gelegt werden könnten. Das Opfer kann überdies die Aussage zu Fragen verweigern, die seine Intimsphäre betreffen.

Basel-Stadt - Strafprozessordnung

§ 47. Zeugnisverweigerungsrecht zum Schutz gegen Nachteile

Zeuginnen und Zeugen können das Zeugnis verweigern, wenn sie durch ihre Aussage nach glaubwürdiger Angabe sich oder in § 45 genannte Angehörige der Gefahr einer Strafverfolgung wegen eines Verbrechens oder Vergehens oder der ernstlichen Gefahr eines anderen schweren Nachteils aussetzen würden.

§ 48. Wirkung der Zeugnisverweigerung

Verweigern hiezu Berechtigte das Zeugnis, so dürfen Aussagen, die sie vorher zur selben Sache gemacht haben, nicht verwendet werden. Die Protokolle über solche frühere Aussagen sind auf geeignete Weise unzugänglich zu machen.

§ 49. Unberechtigte Zeugnisverweigerung

Zeuginnen und Zeugen, welche die Aussage ohne gesetzlichen Grund und trotz ausdrücklichem Hinweis auf die Rechtswidrigkeit ihres Verhaltens verweigern, können gemäss Art. 292 StGB wegen Ungehorsams gegen eine amtliche Verfügung bestraft werden.

6.3. Erlasse der Bundesrepublik Deutschlands

Grundgesetz Deutschlands (GG)

Art. 123 – Anspruch auf rechtliches Gehör; Verbot rückwirkender Strafgesetze und der Doppelbestrafung

(1) Vor Gericht hat jedermann Anspruch auf rechtliches Gehör.

(2) Eine Tat kann nur bestraft werden, wenn die Strafbarkeit gesetzlich bestimmt war, bevor die Tat begangen wurde.

(3) Niemand darf wegen derselben Tat auf Grund der allgemeinen Strafgesetze mehrmals bestraft werden.

Strassenverkehrsgesetz Deutschlands (StVG)

§ 3 Entziehung der Fahrerlaubnis

(1) Erweist sich jemand als ungeeignet oder nicht befähigt zum Führen von Kraftfahrzeugen, so hat ihm die Fahrerlaubnisbehörde die Fahrerlaubnis zu entziehen. Bei einer ausländischen Fahrerlaubnis hat die Entziehung - auch wenn sie nach anderen Vorschriften erfolgt - die Wirkung einer Aberkennung des Rechts, von der Fahrerlaubnis im Inland Gebrauch zu machen. § 2 Abs. 7 und 8 gilt entsprechend.

(2) Mit der Entziehung erlischt die Fahrerlaubnis. Bei einer ausländischen Fahrerlaubnis erlischt das Recht zum Führen von Kraftfahrzeugen im Inland. Nach der Entziehung ist der Führerschein der Fahrerlaubnisbehörde abzuliefern oder zur Eintragung der Entscheidung vorzulegen. Die Sätze 1 bis 3 gelten auch, wenn die Fahrerlaubnisbehörde die Fahrerlaubnis auf Grund anderer Vorschriften entzieht.

(3) Solange gegen den Inhaber der Fahrerlaubnis ein Strafverfahren anhängig ist, in dem die Entziehung der Fahrerlaubnis nach § 69 des Strafgesetzbuchs in Betracht kommt, darf die Fahrerlaubnisbehörde den Sachverhalt, der Gegenstand des Strafverfahrens ist, in einem Entziehungsverfahren nicht berücksichtigen. Dies gilt nicht, wenn die Fahrerlaubnis von einer Dienststelle der Bundeswehr, der Bundespolizei oder der Polizei für Dienstfahrzeuge erteilt worden ist.

(4) Will die Fahrerlaubnisbehörde in einem Entziehungsverfahren einen Sachverhalt berücksichtigen, der Gegenstand der Urteilsfindung in einem Strafverfahren gegen den Inhaber der Fahrerlaubnis gewesen ist, so kann sie zu dessen Nachteil vom Inhalt des Urteils insoweit nicht abweichen, als es sich auf die Feststellung des Sachverhalts oder die Beurteilung der Schuldfrage oder der Eignung zum Führen von Kraftfahrzeugen bezieht.

Der Strafbefehl und die gerichtliche Entscheidung, durch welche die Eröffnung des Hauptverfahrens oder der Antrag auf Erlass eines Strafbefehls abgelehnt wird, stehen einem
Urteil gleich; dies gilt auch für Bussgeldentscheidungen, soweit sie sich auf die Feststellung des Sachverhalts und die Beurteilung der Schuldfrage beziehen.

(5) Die Fahrerlaubnisbehörde darf der Polizei die verwaltungsbehördliche oder gerichtliche
Entziehung der Fahrerlaubnis oder das Bestehen eines Fahrverbots übermitteln, soweit
dies im Einzelfall für die polizeiliche Überwachung im Strassenverkehr erforderlich ist.

(6) Durch Rechtsverordnung gemäss § 6 Abs. 1 Nr. 1 Buchstabe r können Fristen und
Bedingungen

1. für die Erteilung einer neuen Fahrerlaubnis nach vorangegangener Entziehung
oder nach vorangegangenem Verzicht,
2. für die Erteilung des Rechts an Personen mit ordentlichem Wohnsitz im Ausland,
nach vorangegangener Entziehung von einer ausländischen Fahrerlaubnis im
Inland wieder Gebrauch zu machen, bestimmt werden.

§ 4 Punktesystem

(1) Zum Schutz vor Gefahren, die von wiederholt gegen Verkehrsvorschriften verstossen-
den Fahrzeugführern und -haltern ausgehen, hat die Fahrerlaubnisbehörde die in Absatz 3
genannten Massnahmen (Punktsystem) zu ergreifen. Das Punktsystem findet keine Anwendung, wenn sich die Notwendigkeit früherer oder anderer Massnahmen auf Grund anderer Vorschriften, insbesondere der Entziehung der Fahrerlaubnis nach § 3 Abs. 1, ergibt.
Punktsystem und Regelungen über die Fahrerlaubnis auf Probe finden nebeneinander
Anwendung, jedoch mit der Massgabe, dass die Teilnahme an einem Aufbauseminar nur
einmal erfolgt; dies gilt nicht, wenn das letzte Aufbauseminar länger als fünf Jahre zu-
rückliegt oder wenn der Betroffene noch nicht an einem Aufbauseminar nach § 2a Abs. 2
Satz 1 Nr. 1 oder an einem besonderen Aufbauseminar nach Absatz 8 Satz 4 oder § 2b
Abs. 2 Satz 2 teilgenommen hat und nunmehr die Teilnahme an einem Aufbauseminar für
Fahranfänger oder an einem besonderen Aufbauseminar in Betracht kommt.

(2) Für die Anwendung des Punktsystems sind die im Verkehrszentralregister nach § 28
Abs. 3 Nr. 1 bis 3 zu erfassenden Straftaten und Ordnungswidrigkeiten nach der Schwere
der Zuwiderhandlungen und nach ihren Folgen mit einem bis zu sieben Punkten nach näherer Bestimmung durch Rechtsverordnung gemäss § 6 Abs. 1 Nr. 1 Buchstabe s zu be-
werten. Sind durch eine Handlung mehrere Zuwiderhandlungen begangen worden, so wird
nur die Zuwiderhandlung mit der höchsten Punktzahl berücksichtigt. Ist die Fahrerlaubnis
entzogen oder eine Sperre (§ 69a Abs. 1 Satz 3 des Strafgesetzbuchs) angeordnet worden, so werden die Punkte für die vor dieser Entscheidung begangenen Zuwiderhandlungen gelöscht. Dies gilt nicht, wenn die Entziehung darauf beruht, dass der Betroffene nicht
an einem angeordneten Aufbauseminar (Absatz 7 Satz 1, § 2a Abs. 3) teilgenommen hat.

(3) Die Fahrerlaubnisbehörde hat gegenüber den Inhabern einer Fahrerlaubnis folgende
Massnahmen (Punktsystem) zu ergreifen:

1. Ergeben sich acht, aber nicht mehr als 13 Punkte, so hat die Fahrerlaubnisbehörde den Betroffenen schriftlich darüber zu unterrichten, ihn zu verwarnen und
ihn auf die Möglichkeit der Teilnahme an einem Aufbauseminar nach Absatz 8
hinzuweisen.

2. Ergeben sich 14, aber nicht mehr als 17 Punkte, so hat die Fahrerlaubnisbehörde die Teilnahme an einem Aufbauseminar nach Absatz 8 anzuordnen und hierfür eine Frist zu setzen. Hat der Betroffene innerhalb der letzten fünf Jahre bereits an einem solchen Seminar teilgenommen, so ist er schriftlich zu verwarnen. Unabhängig davon hat die Fahrerlaubnisbehörde den Betroffenen schriftlich auf die Möglichkeit einer verkehrspsychologischen Beratung nach Absatz 9 hinzuweisen und ihn darüber zu unterrichten, dass ihm bei Erreichen von 18 Punkten die Fahrerlaubnis entzogen wird.

3. Ergeben sich 18 oder mehr Punkte, so gilt der Betroffene als ungeeignet zum Führen von Kraftfahrzeugen; die Fahrerlaubnisbehörde hat die Fahrerlaubnis zu entziehen.

Die Fahrerlaubnisbehörde ist bei den Massnahmen nach den Nummern 1 bis 3 an die rechtskräftige Entscheidung über die Straftat oder die Ordnungswidrigkeit gebunden.

(4) Nehmen Fahrerlaubinhaber vor Erreichen von 14 Punkten an einem Aufbauseminar teil und legen sie hierüber der Fahrerlaubnisbehörde innerhalb von drei Monaten nach Beendigung des Seminars eine Bescheinigung vor, so werden ihnen bei einem Stand von nicht mehr als acht Punkten vier Punkte, bei einem Stand von neun bis 13 Punkten zwei Punkte abgezogen. Hat der Betroffene nach der Teilnahme an einem Aufbauseminar und nach Erreichen von 14 Punkten, aber vor Erreichen von 18 Punkten an einer verkehrspsychologischen Beratung teilgenommen und legt er hierüber der Fahrerlaubnisbehörde innerhalb von drei Monaten nach Beendigung eine Bescheinigung vor, so werden zwei Punkte abgezogen; dies gilt auch, wenn er nach § 2a Abs. 2 Satz 1 Nr. 2 an einer solchen Beratung teilnimmt. Der Besuch eines Seminars und die Teilnahme an einer Beratung führen jeweils nur einmal innerhalb von fünf Jahren zu einem Punkteabzug. Für den Punktestand und die Berechnung der Fünfjahresfrist ist jeweils das Ausstellungsdatum der Teilnahmebescheinigung massgeblich. Ein Punkteabzug ist nur bis zum Erreichen von null Punkten zulässig.

(5) Erreicht oder überschreitet der Betroffene 14 oder 18 Punkte, ohne dass die Fahrerlaubnisbehörde die Massnahmen nach Absatz 3 Satz 1 Nr. 1 ergriffen hat, wird sein Punktestand auf 13 reduziert. Erreicht oder überschreitet der Betroffene 18 Punkte, ohne dass die Fahrerlaubnisbehörde die Massnahmen nach Absatz 3 Satz 1 Nr. 2 ergriffen hat, wird sein Punktestand auf 17 reduziert.

(6) Zur Vorbereitung der Massnahmen nach Absatz 3 hat das Kraftfahrt-Bundesamt bei Erreichen der betreffenden Punktestände (Absätze 3 und 4) den Fahrerlaubnisbehörden die vorhandenen Eintragungen aus dem Verkehrszentralregister zu übermitteln.

(7) Ist der Inhaber einer Fahrerlaubnis einer vollziehbaren Anordnung der Fahrerlaubnisbehörde nach Absatz 3 Satz 1 Nr. 2 in der festgesetzten Frist nicht nachgekommen, so hat die Fahrerlaubnisbehörde die Fahrerlaubnis zu entziehen. Widerspruch und Anfechtungsklage gegen die Anordnung nach Absatz 3 Satz 1 Nr. 2 sowie gegen die Entziehung nach Satz 1 und nach Absatz 3 Satz 1 Nr. 3 haben keine aufschiebende Wirkung.

(8) Die Teilnehmer an Aufbauseminaren sollen durch Mitwirkung an Gruppengesprächen und an einer Fahrprobe veranlasst werden, Mängel in ihrer Einstellung zum Strassenverkehr und im verkehrssicheren Verhalten zu erkennen und abzubauen. Auf Antrag kann die anordnende Behörde dem Betroffenen die Teilnahme an einem Einzelseminar gestatten. Die Aufbauseminare dürfen nur von Fahrlehrern durchgeführt werden, die Inhaber einer

entsprechenden Erlaubnis nach dem Fahrlehrergesetz sind. Besondere Seminare für Inhaber einer Fahrerlaubnis, die unter dem Einfluss von Alkohol oder anderer berauschender Mittel am Verkehr teilgenommen haben, werden nach näherer Bestimmung durch Rechtsverordnung gemäss § 6 Abs. 1 Nr. 1 Buchstabe n von hierfür amtlich anerkannten anderen Seminarleitern durchgeführt.

(9) In der verkehrspsychologischen Beratung soll der Fahrerlaubnisinhaber veranlasst werden, Mängel in seiner Einstellung zum Strassenverkehr und im verkehrssicheren Verhalten zu erkennen und die Bereitschaft zu entwickeln, diese Mängel abzubauen. Die Beratung findet in Form eines Einzelgesprächs statt; sie kann durch eine Fahrprobe ergänzt werden, wenn der Berater dies für erforderlich hält. Der Berater soll die Ursachen der Mängel aufklären und Wege zu ihrer Beseitigung aufzeigen. Das Ergebnis der Beratung ist nur für den Betroffenen bestimmt und nur diesem mitzuteilen. Der Betroffene erhält jedoch eine Bescheinigung über die Teilnahme zur Vorlage bei der Fahrerlaubnisbehörde. Die Beratung darf nur von einer Person durchgeführt werden, die hierfür amtlich anerkannt ist und folgende Voraussetzungen erfüllt:

1. persönliche Zuverlässigkeit,
2. Abschluss eines Hochschulstudiums als Diplom-Psychologe,
3. Nachweis einer Ausbildung und von Erfahrungen in der Verkehrspsychologie nach näherer Bestimmung durch Rechtsverordnung gemäss § 6 Abs. 1 Nr. 1 Buchstabe u.

(10) Eine neue Fahrerlaubnis darf frühestens sechs Monate nach Wirksamkeit der Entziehung nach Absatz 3 Satz 1 Nr. 3 erteilt werden. Die Frist beginnt mit der Ablieferung des Führerscheins. Unbeschadet der Erfüllung der sonstigen Voraussetzungen für die Erteilung der Fahrerlaubnis hat die Fahrerlaubnisbehörde zum Nachweis, dass die Eignung zum Führen von Kraftfahrzeugen wiederhergestellt ist, in der Regel die Beibringung eines Gutachtens einer amtlich anerkannten Begutachtungsstelle für Fahreignung anzuordnen.

(11) Ist die Fahrerlaubnis nach Absatz 7 Satz 1 entzogen worden, weil einer Anordnung zur Teilnahme an einem Aufbauseminar nicht nachgekommen wurde, so darf eine neue Fahrerlaubnis unbeschadet der übrigen Voraussetzungen nur erteilt werden, wenn der Antragsteller nachweist, dass er an einem Aufbauseminar teilgenommen hat. Das Gleiche gilt, wenn der Antragsteller nur deshalb nicht an einem angeordneten Aufbauseminar teilgenommen hat oder die Anordnung nur deshalb nicht erfolgt ist, weil er zwischenzeitlich auf die Fahrerlaubnis verzichtet hat. Abweichend von Absatz 10 wird die Fahrerlaubnis ohne die Einhaltung einer Frist und ohne die Beibringung eines Gutachtens einer amtlich anerkannten Begutachtungsstelle für Fahreignung erteilt.

§ 24 Verkehrsordnungswidrigkeit

(1) Ordnungswidrig handelt, wer vorsätzlich oder fahrlässig einer Vorschrift einer auf Grund des § 6 Abs. 1 erlassenen Rechtsverordnung oder einer auf Grund einer solchen Rechtsverordnung ergangenen Anordnung zuwiderhandelt, soweit die Rechtsverordnung für einen bestimmten Tatbestand auf diese Bussgeldvorschrift verweist. Die Verweisung ist nicht erforderlich, soweit die Vorschrift der Rechtsverordnung vor dem 1. Januar 1969 erlassen worden ist.

(2) Die Ordnungswidrigkeit kann mit einer Geldbusse geahndet werden.

§ 24a 0,5 Promille-Grenze

(1) Ordnungswidrig handelt, wer im Strassenverkehr ein Kraftfahrzeug führt, obwohl er 0,25 mg/l oder mehr Alkohol in der Atemluft oder 0,5 Promille oder mehr Alkohol im Blut oder eine Alkoholmenge im Körper hat, die zu einer solchen Atem- oder Blutalkoholkonzentration führt.

(2) Ordnungswidrig handelt, wer unter der Wirkung eines in der Anlage zu dieser Vorschrift genannten berauschenden Mittels im Strassenverkehr ein Kraftfahrzeug führt. Eine solche Wirkung liegt vor, wenn eine in dieser Anlage genannte Substanz im Blut nachgewiesen wird. Satz 1 gilt nicht, wenn die Substanz aus der bestimmungsgemässen Einnahme eines für einen konkreten Krankheitsfall verschriebenen Arzneimittels herrührt.

(3) Ordnungswidrig handelt auch, wer die Tat fahrlässig begeht.

(4) Die Ordnungswidrigkeit kann mit einer Geldbusse bis zu eintausendfünfhundert Euro geahndet werden.

(5) Das Bundesministerium für Verkehr, Bau- und Wohnungswesen wird ermächtigt, durch Rechtsverordnung im Einvernehmen mit dem Bundesministerium für Gesundheit und Soziale Sicherung und dem Bundesministerium der Justiz mit Zustimmung des Bundesrates die Liste der berauschenden Mittel und Substanzen in der Anlage zu dieser Vorschrift zu ändern oder zu ergänzen, wenn dies nach wissenschaftlicher Erkenntnis im Hinblick auf die Sicherheit des Strassenverkehrs erforderlich ist.

§ 25 Fahrverbot

(1) Wird gegen den Betroffenen wegen einer Ordnungswidrigkeit nach § 24, die er unter grober oder beharrlicher Verletzung der Pflichten eines Kraftfahrzeugführers begangen hat, eine Geldbusse festgesetzt, so kann ihm die Verwaltungsbehörde oder das Gericht in der Bussgeldentscheidung für die Dauer von einem Monat bis zu drei Monaten verbieten, im Strassenverkehr Kraftfahrzeuge jeder oder einer bestimmten Art zu führen. Wird gegen den Betroffenen wegen einer Ordnungswidrigkeit nach § 24a eine Geldbusse festgesetzt, so ist in der Regel auch ein Fahrverbot anzuordnen.

(2) Das Fahrverbot wird mit der Rechtskraft der Bussgeldentscheidung wirksam. Für seine Dauer werden von einer deutschen Behörde ausgestellte nationale und internationale Führerscheine amtlich verwahrt. Dies gilt auch, wenn der Führerschein von einer Behörde eines Mitgliedstaates der Europäischen Union oder eines anderen Vertragsstaates des Abkommens über den Europäischen Wirtschaftsraum ausgestellt worden ist, sofern der Inhaber seinen ordentlichen Wohnsitz im Inland hat. Wird er nicht freiwillig herausgegeben, so ist er zu beschlagnahmen.

(2a) Ist in den zwei Jahren vor der Ordnungswidrigkeit ein Fahrverbot gegen den Betroffenen nicht verhängt worden und wird auch bis zur Bussgeldentscheidung ein Fahrverbot nicht verhängt, so bestimmt die Verwaltungsbehörde oder das Gericht abweichend von Absatz 2 Satz 1, dass das Fahrverbot erst wirksam wird, wenn der Führerschein nach Rechtskraft der Bussgeldentscheidung in amtliche Verwahrung gelangt, spätestens jedoch mit Ablauf von vier Monaten seit Eintritt der Rechtskraft. Werden gegen den Betroffenen weitere Fahrverbote rechtskräftig verhängt, so sind die Fahrverbotsfristen nacheinander in der Reihenfolge der Rechtskraft der Bussgeldentscheidungen zu berechnen.

81

(3) In anderen als in Absatz 2 Satz 3 genannten ausländischen Führerscheinen wird das Fahrverbot vermerkt. Zu diesem Zweck kann der Führerschein beschlagnahmt werden.

(4) Wird der Führerschein in den Fällen des Absatzes 2 Satz 4 oder des Absatzes 3 Satz 2 bei dem Betroffenen nicht vorgefunden, so hat er auf Antrag der Vollstreckungsbehörde (§ 92 des Gesetzes über Ordnungswidrigkeiten) bei dem Amtsgericht eine eidesstattliche Versicherung über den Verbleib des Führerscheins abzugeben. § 883 Abs. 2 bis 4, die §§ 899, 900 Abs. 1, 4 die §§ 901, 902, 904 bis 910 und 913 der Zivilprozessordnung gelten entsprechend.

(5) Ist ein Führerschein amtlich zu verwahren oder das Fahrverbot in einem ausländischen Führerschein zu vermerken, so wird die Verbotsfrist erst von dem Tag an gerechnet, an dem dies geschieht. In die Verbotsfrist wird die Zeit nicht eingerechnet, in welcher der Täter auf behördliche Anordnung in einer Anstalt verwahrt wird.

(6) Die Dauer einer vorläufigen Entziehung der Fahrerlaubnis (§ 111a der Strafprozessordnung) wird auf das Fahrverbot angerechnet. Es kann jedoch angeordnet werden, dass die Anrechnung ganz oder zum Teil unterbleibt, wenn sie im Hinblick auf das Verhalten des Betroffenen nach Begehung der Ordnungswidrigkeit nicht gerechtfertigt ist. Der vorläufigen Entziehung der Fahrerlaubnis steht die Verwahrung, Sicherstellung oder Beschlagnahme des Führerscheins (§ 94 der Strafprozessordnung) gleich.

(7) Wird das Fahrverbot nach Absatz 1 im Strafverfahren angeordnet (§ 82 des Gesetzes über Ordnungswidrigkeiten), so kann die Rückgabe eines in Verwahrung genommenen, sichergestellten oder beschlagnahmten Führerscheins aufgeschoben werden, wenn der Betroffene nicht widerspricht. In diesem Fall ist die Zeit nach dem Urteil unverkürzt auf das Fahrverbot anzurechnen.

(8) Über den Zeitpunkt der Wirksamkeit des Fahrverbots nach Absatz 2 oder 2a Satz 1 und über den Beginn der Verbotsfrist nach Absatz 5 Satz 1 ist der Betroffene bei der Zustellung der Bussgeldentscheidung oder im Anschluss an deren Verkündung zu belehren.

§ 25a Kostentragungspflicht des Halters eines Kraftfahrzeugs

(1) Kann in einem Bussgeldverfahren wegen eines Halt- oder Parkverstosses der Führer des Kraftfahrzeugs, der den Verstoss begangen hat, nicht vor Eintritt der Verfolgungsverjährung ermittelt werden oder würde seine Ermittlung einen unangemessenen Aufwand erfordern, so werden dem Halter des Kraftfahrzeugs oder seinem Beauftragten die Kosten des Verfahrens auferlegt; er hat dann auch seine Auslagen zu tragen. Von einer Entscheidung nach Satz 1 wird abgesehen, wenn es unbillig wäre, den Halter des Kraftfahrzeugs oder seinen Beauftragten mit den Kosten zu belasten.

(2) Die Kostenentscheidung ergeht mit der Entscheidung, die das Verfahren abschliesst; vor der Entscheidung ist derjenige zu hören, dem die Kosten auferlegt werden sollen.

(3) Gegen die Kostenentscheidung der Verwaltungsbehörde und der Staatsanwaltschaft kann innerhalb von zwei Wochen nach Zustellung gerichtliche Entscheidung beantragt werden. § 62 Abs. 2 des Gesetzes über Ordnungswidrigkeiten gilt entsprechend; für die Kostenentscheidung der Staatsanwaltschaft gelten auch § 50 Abs. 2 und § 52 des Gesetzes über Ordnungswidrigkeiten entsprechend. Die Kostenentscheidung des Gerichts ist nicht anfechtbar.

§ 26 Zuständige Verwaltungsbehörde; Verjährung

(1) Bei Ordnungswidrigkeiten nach § 24, die im Strassenverkehr begangen werden, und bei Ordnungswidrigkeiten nach § 24a ist Verwaltungsbehörde im Sinne des § 36 Abs. 1 Nr. 1 des Gesetzes über Ordnungswidrigkeiten die Behörde oder Dienststelle der Polizei, die von der Landesregierung durch Rechtsverordnung näher bestimmt wird. Die Landesregierung kann die Ermächtigung auf die zuständige oberste Landesbehörde übertragen.

(2) Bei Ordnungswidrigkeiten nach § 23 ist Verwaltungsbehörde im Sinne des § 36 Abs. 1 Nr. 1 des Gesetzes über Ordnungswidrigkeiten das Kraftfahrt-Bundesamt.

(3) Die Frist der Verfolgungsverjährung beträgt bei Ordnungswidrigkeiten nach § 24 drei Monate, solange wegen der Handlung weder ein Bussgeldbescheid ergangen noch öffentliche Klage erhoben ist, danach sechs Monate.

§ 26a Bussgeldkatalog

(1) Das Bundesministerium für Verkehr, Bau- und Wohnungswesen wird ermächtigt, durch Rechtsverordnung mit Zustimmung des Bundesrates Vorschriften zu erlassen über

1. die Erteilung einer Verwarnung (§ 56 des Gesetzes über Ordnungswidrigkeiten) wegen einer Ordnungswidrigkeit nach § 24,
2. Regelsätze für Geldbussen wegen einer Ordnungswidrigkeit nach den §§ 24 und 24a,
3. die Anordnung des Fahrverbots nach § 25.

(2) Die Vorschriften nach Absatz 1 bestimmen unter Berücksichtigung der Bedeutung der Ordnungswidrigkeit, in welchen Fällen, unter welchen Voraussetzungen und in welcher Höhe das Verwarnungsgeld erhoben, die Geldbusse festgesetzt und für welche Dauer das Fahrverbot angeordnet werden soll.

§ 28 Führung und Inhalt des Verkehrszentralregisters

(1) Das Kraftfahrt-Bundesamt führt das Verkehrszentralregister nach den Vorschriften dieses Abschnitts.

(2) Das Verkehrszentralregister wird geführt zur Speicherung von Daten, die erforderlich sind

1. für die Beurteilung der Eignung und der Befähigung von Personen zum Führen von Kraftfahrzeugen oder zum Begleiten eines Kraftfahrzeugführers entsprechend einer nach § 6e Abs. 1 erlassenen Rechtsverordnung,
2. für die Prüfung der Berechtigung zum Führen von Fahrzeugen,
3. für die Ahndung der Verstösse von Personen, die wiederholt Straftaten oder Ordnungswidrigkeiten, die im Zusammenhang mit dem Strassenverkehr stehen, begehen oder
4. für die Beurteilung von Personen im Hinblick auf ihre Zuverlässigkeit bei der Wahrnehmung der ihnen durch Gesetz, Satzung oder Vertrag übertragenen Verantwortung für die Einhaltung der zur Sicherheit im Strassenverkehr bestehenden Vorschriften.

(3) Im Verkehrszentralregister werden Daten gespeichert über

1. rechtskräftige Entscheidungen der Strafgerichte, soweit sie wegen einer im Zusammenhang mit dem Strassenverkehr begangenen rechtswidrigen Tat auf Strafe, Verwarnung mit Strafvorbehalt erkennen oder einen Schuldspruch enthalten,
2. rechtskräftige Entscheidungen der Strafgerichte, die die Entziehung der Fahrerlaubnis, eine isolierte Sperre oder ein Fahrverbot anordnen sowie Entscheidungen der Strafgerichte, die die vorläufige Entziehung der Fahrerlaubnis anordnen,
3. rechtskräftige Entscheidungen wegen einer Ordnungswidrigkeit nach § 24 oder § 24a, wenn gegen den Betroffenen ein Fahrverbot nach § 25 angeordnet oder eine Geldbusse von mindestens vierzig Euro festgesetzt ist, soweit § 28a nichts anderes bestimmt,
4. unanfechtbare oder sofort vollziehbare Verbote oder Beschränkungen, ein fahrerlaubnisfreies Fahrzeug zu führen,
5. unanfechtbare Versagungen einer Fahrerlaubnis,
6. unanfechtbare oder sofort vollziehbare Entziehungen, Widerrufe oder Rücknahmen einer Fahrerlaubnis durch Verwaltungsbehörden,
7. Verzichte auf die Fahrerlaubnis,
8. unanfechtbare Ablehnungen eines Antrags auf Verlängerung der Geltungsdauer einer Fahrerlaubnis,
9. die Beschlagnahme, Sicherstellung oder Verwahrung von Führerscheinen nach § 94 der Strafprozessordnung,
10. unanfechtbare Entscheidungen ausländischer Gerichte und Verwaltungsbehörden, in denen Inhabern einer deutschen Fahrerlaubnis das Recht aberkannt wird, von der Fahrerlaubnis in dem betreffenden Land Gebrauch zu machen,
11. Massnahmen der Fahrerlaubnisbehörde nach § 2a Abs. 2 Satz 1 Nr. 1 und 2 und § 4 Abs. 3 Satz 1 Nr. 1 und 2,
12. die Teilnahme an einem Aufbauseminar und die Art des Aufbauseminars und die Teilnahme an einer verkehrspsychologischen Beratung, soweit dies für die Anwendung der Regelungen der Fahrerlaubnis auf Probe (§ 2a) und des Punktsystems (§ 4) erforderlich ist,
13. Entscheidungen oder Änderungen, die sich auf eine der in den Nummern 1 bis 12 genannten Eintragungen beziehen.

(4) Die Gerichte, Staatsanwaltschaften und anderen Behörden teilen dem Kraftfahrt-Bundesamt unverzüglich die nach Absatz 3 zu speichernden oder zu einer Änderung oder Löschung einer Eintragung führenden Daten mit.

(5) Bei Zweifeln an der Identität einer eingetragenen Person mit der Person, auf die sich eine Mitteilung nach Absatz 4 bezieht, dürfen die Datenbestände des Zentralen Fahrerlaubnisregisters und des Zentralen Fahrzeugregisters zur Identifizierung dieser Personen genutzt werden. Ist die Feststellung der Identität der betreffenden Personen auf diese Weise nicht möglich, dürfen die auf Anfrage aus den Melderegistern übermittelten Daten zur Behebung der Zweifel genutzt werden. Die Zulässigkeit der Übermittlung durch die Meldebehörden richtet sich nach den Meldegesetzen der Länder. Können die Zweifel an der Identität der betreffenden Personen nicht ausgeräumt werden, werden die Eintragungen über beide Personen mit einem Hinweis auf die Zweifel an deren Identität versehen.

(6) Die regelmässige Nutzung der auf Grund des § 50 Abs. 1 im Zentralen Fahrerlaubnisregister gespeicherten Daten ist zulässig, um Fehler und Abweichungen bei den Personendaten sowie den Daten über Fahrerlaubnisse und Führerscheine der betreffenden

Person im Verkehrszentralregister festzustellen und zu beseitigen und um das Verkehrszentralregister zu vervollständigen.

§ 29 Tilgung der Eintragungen

(1) Die im Register gespeicherten Eintragungen werden nach Ablauf der in Satz 2
bestimmten Fristen getilgt. Die Tilgungsfristen betragen

1. zwei Jahre
   bei Entscheidungen wegen einer Ordnungswidrigkeit,

2. fünf Jahre
   a. bei Entscheidungen wegen Straftaten mit Ausnahme von Entscheidungen
      wegen Straftaten nach § 315c Abs. 1 Nr. 1 Buchstabe a, den §§ 316 und
      323a des Strafgesetzbuchs und Entscheidungen, in denen die Entziehung
      der Fahrerlaubnis nach den §§ 69 und 69b des Strafgesetzbuchs oder
      eine Sperre nach § 69a Abs. 1 Satz 3 des Strafgesetzbuchs angeordnet
      worden ist,
   b. bei von der Fahrerlaubnisbehörde verhängten Verboten oder Beschrän-
      kungen, ein fahrerlaubnisfreies Fahrzeug zu führen,
   c. bei der Teilnahme an einem Aufbauseminar oder einer verkehrspsycholo-
      gischen Beratung,

3. zehn Jahre
   in allen übrigen Fällen.

Eintragungen über Massnahmen der Fahrerlaubnisbehörde nach § 2a Abs. 2 Satz 1 Nr. 1
und 2 und § 4 Abs. 3 Satz 1 Nr. 1 und 2 werden getilgt, wenn dem Betroffenen die Fahrerlaubnis entzogen wird. Sonst erfolgt eine Tilgung bei den Massnahmen nach § 2a ein
Jahr nach Ablauf der Probezeit und bei Massnahmen nach § 4 dann, wenn die letzte mit
Punkten bewertete Eintragung wegen einer Straftat oder Ordnungswidrigkeit getilgt ist.
Verkürzungen der Tilgungsfristen nach Absatz 1 können durch Rechtsverordnung gemäss
§ 30c Abs. 1 Nr. 2 zugelassen werden, wenn die eingetragene Entscheidung auf körperli-
chen oder geistigen Mängeln oder fehlender Befähigung beruht.

(2) Die Tilgungsfristen gelten nicht, wenn die Erteilung einer Fahrerlaubnis oder die Erteilung des Rechts, von einer ausländischen Fahrerlaubnis wieder Gebrauch zu machen,
für immer untersagt ist.

(3) Ohne Rücksicht auf den Lauf der Fristen nach Absatz 1 und das Tilgungsverbot nach
Absatz 2 werden getilgt

1. Eintragungen über Entscheidungen, wenn ihre Tilgung im Bundeszentralregister
   angeordnet oder wenn die Entscheidung im Wiederaufnahmeverfahren oder nach
   den §§ 86, 102 Abs. 2 des Gesetzes über Ordnungswidrigkeiten rechtskräftig
   aufgehoben wird,
2. Eintragungen, die in das Bundeszentralregister nicht aufzunehmen sind, wenn ihre
   Tilgung durch die nach Landesrecht zuständige Behörde angeordnet wird, wobei
   die Anordnung nur ergehen darf, wenn dies zur Vermeidung ungerechtfertigter
   Härten erforderlich ist und öffentliche Interessen nicht gefährdet werden,

3. Eintragungen, bei denen die zugrunde liegende Entscheidung aufgehoben wird oder bei denen nach näherer Bestimmung durch Rechtsverordnung gemäss § 30c Abs. 1 Nr. 2 eine Änderung der zugrunde liegenden Entscheidung Anlass gibt,

4. sämtliche Eintragungen, wenn eine amtliche Mitteilung über den Tod des Betroffenen eingeht.

(4) Die Tilgungsfrist (Absatz 1) beginnt

1. bei strafgerichtlichen Verurteilungen mit dem Tag des ersten Urteils und bei Strafbefehlen mit dem Tag der Unterzeichnung durch den Richter, wobei dieser Tag auch dann massgebend bleibt, wenn eine Gesamtstrafe oder eine einheitliche Jugendstrafe gebildet oder nach § 30 Abs. 1 des Jugendgerichtsgesetzes auf Jugendstrafe erkannt wird oder eine Entscheidung im Wiederaufnahmeverfahren ergeht, die eine registerpflichtige Verurteilung enthält,

2. bei Entscheidungen der Gerichte nach den §§ 59, 60 des Strafgesetzbuchs und § 27 des Jugendgerichtsgesetzes mit dem Tag der Entscheidung,

3. bei gerichtlichen und verwaltungsbehördlichen Bussgeldentscheidungen sowie bei anderen Verwaltungsentscheidungen mit dem Tag der Rechtskraft oder Unanfechtbarkeit der beschwerenden Entscheidung,

4. bei Aufbauseminaren und verkehrspsychologischen Beratungen mit dem Tag der Ausstellung der Teilnahmebescheinigung.

(5) Bei der Versagung oder Entziehung der Fahrerlaubnis wegen mangelnder Eignung, der Anordnung einer Sperre nach § 69a Abs. 1 Satz 3 des Strafgesetzbuchs oder bei einem Verzicht auf die Fahrerlaubnis beginnt die Tilgungsfrist erst mit der Erteilung oder Neuerteilung der Fahrerlaubnis, spätestens jedoch fünf Jahre nach der beschwerenden Entscheidung oder dem Tag des Zugangs der Verzichtserklärung bei der zuständigen Behörde. Bei von der Fahrerlaubnisbehörde verhängten Verboten oder Beschränkungen, ein fahrerlaubnisfreies Fahrzeug zu führen, beginnt die Tilgungsfrist fünf Jahre nach Ablauf oder Aufhebung des Verbots oder der Beschränkung.

(6) Sind im Register mehrere Entscheidungen nach § 28 Abs. 3 Nr. 1 bis 9 über eine Person eingetragen, so ist die Tilgung einer Eintragung vorbehaltlich der Regelungen in den Sätzen 2 bis 6 erst zulässig, wenn für alle betreffenden Eintragungen die Voraussetzungen der Tilgung vorliegen. Eine Ablaufhemmung tritt auch ein, wenn eine neue Tat vor dem Ablauf der Tilgungsfrist nach Absatz 1 begangen wird und bis zum Ablauf der Überliegefrist (Absatz 7) zu einer weiteren Eintragung führt. Eintragungen von Entscheidungen wegen Ordnungswidrigkeiten hindern nur die Tilgung von Entscheidungen wegen anderer Ordnungswidrigkeiten. Die Eintragung einer Entscheidung wegen einer Ordnungswidrigkeit - mit Ausnahme von Entscheidungen wegen einer Ordnungswidrigkeit nach § 24a - wird spätestens nach Ablauf von fünf Jahren getilgt. Die Tilgung einer Eintragung wegen einer Entscheidung wegen einer Ordnungswidrigkeit unterbleibt in jedem Fall so lange, wie der Betroffene im Zentralen Fahrerlaubnisregister als Inhaber einer Fahrerlaubnis auf Probe gespeichert ist. Wird eine Eintragung getilgt, so sind auch die Eintragungen zu tilgen, deren Tilgung nur durch die betreffende Eintragung gehemmt war.

(7) Eine Eintragung wird nach Eintritt der Tilgungsreife zuzüglich einer Überliegefrist von einem Jahr gelöscht. Während dieser Zeit darf der Inhalt der Eintragung nicht übermittelt und über ihn keine Auskunft erteilt werden, es sei denn, der Betroffene begehrt eine Auskunft über den ihn betreffenden Inhalt.

(8) Ist eine Eintragung über eine gerichtliche Entscheidung im Verkehrszentralregister getilgt, so dürfen die Tat und die Entscheidung dem Betroffenen für die Zwecke des § 28 Abs. 2 nicht mehr vorgehalten und nicht zu seinem Nachteil verwertet werden. Unterliegen diese Eintragungen einer zehnjährigen Tilgungsfrist, dürfen sie nach Ablauf eines Zeitraums, der einer fünfjährigen Tilgungsfrist nach den Vorschriften dieses Paragraphen entspricht, nur noch für ein Verfahren übermittelt und verwertet werden, das die Erteilung oder Entziehung einer Fahrerlaubnis zum Gegenstand hat. Ausserdem dürfen für die Prüfung der Berechtigung zum Führen von Kraftfahrzeugen Entscheidungen der Gerichte nach den §§ 69 bis 69b des Strafgesetzbuchs übermittelt und verwertet werden.

Strassenverkehrs-Zulassungs-Ordnung (StVZO)

§ 31 a Fahrtenbuch

(1) Die Verwaltungsbehörde kann gegenüber einem Fahrzeughalter für ein oder mehrere auf ihn zugelassene oder künftig zuzulassende Fahrzeuge die Führung eines Fahrtenbuchs anordnen, wenn die Feststellung eines Fahrzeugführers nach einer Zuwiderhandlung gegen Verkehrsvorschriften nicht möglich war. Die Verwaltungsbehörde kann ein oder mehrere Ersatzfahrzeug bestimmen.

(2) Der Fahrzeughalter oder sein Beauftragter hat in dem Fahrtenbuch für ein bestimmtes Fahrzeug und für jede einzelne Fahrt

1. vor deren Beginn
    a) Name, Vorname und Anschrift des Fahrzeugführers,
    b) amtliches Kennzeichen des Fahrzeugs,
    c) Datum und Uhrzeit des Beginns der Fahrt und
2. nach deren Beendigung unverzüglich Datum und Uhrzeit mit Unterschrift einzutragen.

(3) Der Fahrzeughalter hat
    a) der das Fahrtenbuch anordnenden oder der von ihr bestimmten Stelle oder
    b) sonst zuständigen Personen

das Fahrtenbuch auf Verlangen jederzeit an dem von der anordnenden Stelle festgelegten Ort zur Prüfung auszuhändigen und es sechs Monate nach Ablauf der Zeit, für die es geführt werden muss, aufzubewahren.

Ordnungswidrigkeitengesetz (OWiG)

§ 1 Begriffsbestimmung

(1) Eine Ordnungswidrigkeit ist eine rechtswidrige und vorwerfbare Handlung, die den Tatbestand eines Gesetzes verwirklicht, das die Ahndung mit einer Geldbusse zulässt.

(2) Eine mit Geldbusse bedrohte Handlung ist eine rechtswidrige Handlung, die den Tatbestand eines Gesetzes im Sinne des Absatzes 1 verwirklicht, auch wenn sie nicht vorwerfbar begangen ist.

§ 5 Räumliche Geltung

Wenn das Gesetz nichts anderes bestimmt, können nur Ordnungswidrigkeiten geahndet werden, die im räumlichen Geltungsbereich dieses Gesetzes oder ausserhalb dieses Geltungsbereichs auf einem Schiff oder in einem Luftfahrzeug begangen werden, das berechtigt ist, die Bundesflagge oder das Staatszugehörigkeitszeichen der Bundesrepublik Deutschland zu führen.

§ 8 Begehen durch Unterlassen

Wer es unterlässt, einen Erfolg abzuwenden, der zum Tatbestand einer Bussgeldvorschrift gehört, handelt nach dieser Vorschrift nur dann ordnungswidrig, wenn er rechtlich dafür einzustehen hat, dass der Erfolg nicht eintritt, und wenn das Unterlassen der Verwirklichung des gesetzlichen Tatbestandes durch ein Tun entspricht.

§ 17 Höhe der Geldbusse

(1) Die Geldbusse beträgt mindestens fünf Euro und, wenn das Gesetz nichts anderes bestimmt, höchstens eintausend Euro.

(2) Droht das Gesetz für vorsätzliches und fahrlässiges Handeln Geldbusse an, ohne im Höchstmass zu unterscheiden, so kann fahrlässiges Handeln im Höchstmass nur mit der Hälfte des angedrohten Höchstbetrages der Geldbusse geahndet werden.

(3) Grundlage für die Zumessung der Geldbusse sind die Bedeutung der Ordnungswidrigkeit und der Vorwurf, der den Täter trifft. Auch die wirtschaftlichen Verhältnisse des Täters kommen in Betracht; bei geringfügigen Ordnungswidrigkeiten bleiben sie jedoch in der Regel unberücksichtigt.

(4) Die Geldbusse soll den wirtschaftlichen Vorteil, den der Täter aus der Ordnungswidrigkeit gezogen hat, übersteigen. Reicht das gesetzliche Höchstmass hierzu nicht aus, so kann es überschritten werden.

§ 30 Geldbusse gegen juristische Personen und Personenvereinigungen

(1) Hat jemand
1. als vertretungsberechtigtes Organ einer juristischen Person oder als Mitglied eines solchen Organs,
2. als Vorstand eines nicht rechtsfähigen Vereins oder als Mitglied eines solchen Vorstandes,
3. als vertretungsberechtigter Gesellschafter einer rechtsfähigen Personengesellschaft,
4. als Generalbevollmächtigter oder in leitender Stellung als Prokurist oder Handlungsbevollmächtigter einer juristischen Person oder einer in Nummer 2 oder 3 genannten Personenvereinigung oder
5. als sonstige Person, die für die Leitung des Betriebs oder Unternehmens einer juristischen Person oder einer in Nummer 2 oder 3 genannten Personenvereinigung verantwortlich handelt, wozu auch die Überwachung der Geschäftsführung oder die sonstige Ausübung von Kontrollbefugnissen in leitender Stellung gehört,

eine Straftat oder Ordnungswidrigkeit begangen, durch die Pflichten, welche die juristische Person oder die Personenvereinigung treffen, verletzt worden sind oder die juristische Person oder die Personenvereinigung bereichert worden ist oder werden sollte, so kann gegen diese eine Geldbusse festgesetzt werden.

(2) Die Geldbusse beträgt
   1. im Falle einer vorsätzlichen Straftat bis zu einer Million Euro,
   2. im Falle einer fahrlässigen Straftat bis zu fünfhunderttausend Euro.

Im Falle einer Ordnungswidrigkeit bestimmt sich das Höchstmass der Geldbusse nach dem für die Ordnungswidrigkeit angedrohten Höchstmass der Geldbusse. Satz 2 gilt auch im Falle einer Tat, die gleichzeitig Straftat und Ordnungswidrigkeit ist, wenn das für die Ordnungswidrigkeit angedrohte Höchstmass der Geldbusse das Höchstmass nach Satz 1 übersteigt.

(3) § 17 Abs. 4 und § 18 gelten entsprechend.

(4) Wird wegen der Straftat oder Ordnungswidrigkeit ein Straf- oder Bussgeldverfahren nicht eingeleitet oder wird es eingestellt oder wird von Strafe abgesehen, so kann die Geldbusse selbständig festgesetzt werden. Durch Gesetz kann bestimmt werden, dass die Geldbusse auch in weiteren Fällen selbständig festgesetzt werden kann. Die selbständige Festsetzung einer Geldbusse gegen die juristische Person oder Personenvereinigung ist jedoch ausgeschlossen, wenn die Straftat oder Ordnungswidrigkeit aus rechtlichen Gründen nicht verfolgt werden kann; § 33 Abs. 1 Satz 2 bleibt unberührt.

(5) Die Festsetzung einer Geldbusse gegen die juristische Person oder Personenvereinigung schliesst es aus, gegen sie wegen derselben Tat den Verfall nach den §§ 73 oder 73a des Strafgesetzbuches oder nach § 29a anzuordnen.

§ 31 Verfolgungsverjährung

(1) Durch die Verjährung werden die Verfolgung von Ordnungswidrigkeiten und die Anordnung von Nebenfolgen ausgeschlossen. § 27 Abs. 2 Satz 1 Nr. 1 bleibt unberührt.

(2) Die Verfolgung von Ordnungswidrigkeiten verjährt, wenn das Gesetz nichts anderes bestimmt,

   1. in drei Jahren bei Ordnungswidrigkeiten, die mit Geldbusse im Höchstmass von mehr als fünfzehntausend Euro bedroht sind,
   2. in zwei Jahren bei Ordnungswidrigkeiten, die mit Geldbusse im Höchstmass von mehr als zweitausendfünfhundert bis zu fünfzehntausend Euro bedroht sind,
   3. in einem Jahr bei Ordnungswidrigkeiten, die mit Geldbusse im Höchstmass von mehr als eintausend bis zu zweitausendfünfhundert Euro bedroht sind,
   4. in sechs Monaten bei den übrigen Ordnungswidrigkeiten.

(3) Die Verjährung beginnt, sobald die Handlung beendet ist. Tritt ein zum Tatbestand gehörender Erfolg erst später ein, so beginnt die Verjährung mit diesem Zeitpunkt.

§ 32 Ruhen der Verfolgungsverjährung

(1) Die Verjährung ruht, solange nach dem Gesetz die Verfolgung nicht begonnen oder nicht fortgesetzt werden kann. Dies gilt nicht, wenn die Handlung nur deshalb nicht verfolgt werden kann, weil Antrag oder Ermächtigung fehlen.

(2) Ist vor Ablauf der Verjährungsfrist ein Urteil des ersten Rechtszuges oder ein Beschluss nach § 72 ergangen, so läuft die Verjährungsfrist nicht vor dem Zeitpunkt ab, in dem das Verfahren rechtskräftig abgeschlossen ist.

§ 33 Unterbrechung der Verfolgungsverjährung

(1) Die Verjährung wird unterbrochen durch

1. die erste Vernehmung des Betroffenen, die Bekanntgabe, dass gegen ihn das Ermittlungsverfahren eingeleitet ist, oder die Anordnung dieser Vernehmung oder Bekanntgabe,
2. jede richterliche Vernehmung des Betroffenen oder eines Zeugen oder die Anordnung dieser Vernehmung,
3. jede Beauftragung eines Sachverständigen durch die Verfolgungsbehörde oder den Richter, wenn vorher der Betroffene vernommen oder ihm die Einleitung des Ermittlungsverfahrens bekannt gegeben worden ist,
4. jede Beschlagnahme- oder Durchsuchungsanordnung der Verfolgungsbehörde oder des Richters und richterliche Entscheidungen, welche diese aufrechterhalten,
5. die vorläufige Einstellung des Verfahrens wegen Abwesenheit des Betroffenen durch die Verfolgungsbehörde oder den Richter sowie jede Anordnung der Verfolgungsbehörde oder des Richters, die nach einer solchen Einstellung des Verfahrens zur Ermittlung des Aufenthalts des Betroffenen oder zur Sicherung von Beweisen ergeht,
6. jedes Ersuchen der Verfolgungsbehörde oder des Richters, eine Untersuchungshandlung im Ausland vorzunehmen,
7. die gesetzlich bestimmte Anhörung einer anderen Behörde durch die Verfolgungsbehörde vor Abschluss der Ermittlungen,
8. die Abgabe der Sache durch die Staatsanwaltschaft an die Verwaltungsbehörde nach den §§ 43 und 69 Abs. 4 Satz 3,
9. den Erlass des Bussgeldbescheids, sofern er binnen zwei Wochen zugestellt wird, ansonsten durch die Zustellung,
10. den Eingang der Akten beim Amtsgericht gemäss § 69 Abs. 3 Satz 1 und Abs. 5 Satz 2 und die Zurückverweisung der Sache an die Verwaltungsbehörde nach § 69 Abs. 5 Satz 1,
11. jede Anberaumung einer Hauptverhandlung,
12. den Hinweis auf die Möglichkeit, ohne Hauptverhandlung zu entscheiden (§ 72 Abs. 1 Satz 2),
13. die Erhebung der öffentlichen Klage,
14. die Eröffnung des Hauptverfahrens,
15. den Strafbefehl oder eine andere dem Urteil entsprechende Entscheidung.

Im selbständigen Verfahren wegen der Anordnung einer Nebenfolge oder der Festsetzung einer Geldbusse gegen eine juristische Person oder Personenvereinigung wird die Verjährung durch die dem Satz 1 entsprechenden Handlungen zur Durchführung des selbständigen Verfahrens unterbrochen.

(2) Die Verjährung ist bei einer schriftlichen Anordnung oder Entscheidung in dem Zeitpunkt unterbrochen, in dem die Anordnung oder Entscheidung unterzeichnet wird. Ist das Schriftstück nicht alsbald nach der Unterzeichnung in den Geschäftsgang gelangt, so ist der Zeitpunkt massgebend, in dem es tatsächlich in den Geschäftsgang gegeben worden ist.

(3) Nach jeder Unterbrechung beginnt die Verjährung von neuem. Die Verfolgung ist jedoch spätestens verjährt, wenn seit dem in § 31 Abs. 3 bezeichneten Zeitpunkt das Doppelte der gesetzlichen Verjährungsfrist, mindestens jedoch zwei Jahre verstrichen sind. Wird jemandem in einem bei Gericht anhängigen Verfahren eine Handlung zur Last gelegt, die gleichzeitig Straftat und Ordnungswidrigkeit ist, so gilt als gesetzliche Verjährungsfrist im Sinne des Satzes 2 die Frist, die sich aus der Strafdrohung ergibt. § 32 bleibt unberührt.

(4) Die Unterbrechung wirkt nur gegenüber demjenigen, auf den sich die Handlung bezieht. Die Unterbrechung tritt in den Fällen des Absatzes 1 Satz 1 Nr. 1 bis 7, 11 und 13 bis 15 auch dann ein, wenn die Handlung auf die Verfolgung der Tat als Straftat gerichtet ist.

§ 34 Vollstreckungsverjährung

(1) Eine rechtskräftig festgesetzte Geldbusse darf nach Ablauf der Verjährungsfrist nicht mehr vollstreckt werden.

(2) Die Verjährungsfrist beträgt

1. fünf Jahre bei einer Geldbusse von mehr als eintausend Euro,
2. drei Jahre bei einer Geldbusse bis zu eintausend Euro.

(3) Die Verjährung beginnt mit der Rechtskraft der Entscheidung.

(4) Die Verjährung ruht, solange

1. nach dem Gesetz die Vollstreckung nicht begonnen oder nicht fortgesetzt werden kann,
2. die Vollstreckung ausgesetzt ist oder
3. eine Zahlungserleichterung bewilligt ist.

(5) Die Absätze 1 bis 4 gelten entsprechend für Nebenfolgen, die zu einer Geldzahlung verpflichten. Ist eine solche Nebenfolge neben einer Geldbusse angeordnet, so verjährt die Vollstreckung der einen Rechtsfolge nicht früher als die der anderen.

§ 41 Abgabe an die Staatsanwaltschaft

(1) Die Verwaltungsbehörde gibt die Sache an die Staatsanwaltschaft ab, wenn Anhaltspunkte dafür vorhanden sind, dass die Tat eine Straftat ist.

(2) Sieht die Staatsanwaltschaft davon ab, ein Strafverfahren einzuleiten, so gibt sie die Sache an die Verwaltungsbehörde zurück.

91

§ 44 Bindung der Verwaltungsbehörde

Die Verwaltungsbehörde ist an die Entschliessung der Staatsanwaltschaft gebunden, ob eine Tat als Straftat verfolgt wird oder nicht.

§ 47 Verfolgung von Ordnungswidrigkeiten

(1) Die Verfolgung von Ordnungswidrigkeiten liegt im pflichtgemässen Ermessen der Verfolgungsbehörde. Solange das Verfahren bei ihr anhängig ist, kann sie es einstellen.

(2) Ist das Verfahren bei Gericht anhängig und hält dieses eine Ahndung nicht für geboten, so kann es das Verfahren mit Zustimmung der Staatsanwaltschaft in jeder Lage einstellen. Die Zustimmung ist nicht erforderlich, wenn durch den Bussgeldbescheid eine Geldbusse bis zu einhundert Euro verhängt worden ist und die Staatsanwaltschaft erklärt hat, sie nehme an der Hauptverhandlung nicht teil. Der Beschluss ist nicht anfechtbar.

(3) Die Einstellung des Verfahrens darf nicht von der Zahlung eines Geldbetrages an eine gemeinnützige Einrichtung oder sonstige Stelle abhängig gemacht oder damit in Zusammenhang gebracht werden.

§ 56 Verwarnung durch die Verwaltungsbehörde

(1) Bei geringfügigen Ordnungswidrigkeiten kann die Verwaltungsbehörde den Betroffenen verwarnen und ein Verwarnungsgeld von fünf bis fünfunddreissig Euro erheben. Sie kann eine Verwarnung ohne Verwarnungsgeld erteilen.

(2) Die Verwarnung nach Absatz 1 Satz 1 ist nur wirksam, wenn der Betroffene nach Belehrung über sein Weigerungsrecht mit ihr einverstanden ist und das Verwarnungsgeld entsprechend der Bestimmung der Verwaltungsbehörde entweder sofort zahlt oder innerhalb einer Frist, die eine Woche betragen soll, bei der hierfür bezeichneten Stelle oder bei der Post zur Überweisung an diese Stelle einzahlt. Eine solche Frist soll bewilligt werden, wenn der Betroffene das Verwarnungsgeld nicht sofort zahlen kann oder wenn es höher ist als zehn Euro.

(3) Über die Verwarnung nach Absatz 1 Satz 1, die Höhe des Verwarnungsgeldes und die Zahlung oder die etwa bestimmte Zahlungsfrist wird eine Bescheinigung erteilt. Kosten (Gebühren und Auslagen) werden nicht erhoben.

(4) Ist die Verwarnung nach Absatz 1 Satz 1 wirksam, so kann die Tat nicht mehr unter den tatsächlichen und rechtlichen Gesichtspunkten verfolgt werden, unter denen die Verwarnung erteilt worden ist.

§ 57 Verwarnung durch Beamte des Aussen- und Polizeidienstes

(1) Personen, die ermächtigt sind, die Befugnis nach § 56 für die Verwaltungsbehörde im Aussendienst wahrzunehmen, haben sich entsprechend auszuweisen.

(2) Die Befugnis nach § 56 steht auch den hierzu ermächtigten Beamten des Polizeidienstes zu, die eine Ordnungswidrigkeit entdecken oder im ersten Zugriff verfolgen und sich durch ihre Dienstkleidung oder in anderer Weise ausweisen.

§ 67 Einspruch - Form und Frist

(1) Der Betroffene kann gegen den Bussgeldbescheid innerhalb von zwei Wochen nach Zustellung schriftlich oder zur Niederschrift bei der Verwaltungsbehörde, die den Bussgeldbescheid erlassen hat, Einspruch einlegen. Die §§ 297 bis 300 und 302 der Strafprozessordnung über Rechtsmittel gelten entsprechend.

(2) Der Einspruch kann auf bestimmte Beschwerdepunkte beschränkt werden.

§ 79 Rechtsbeschwerde

(1) Gegen das Urteil und den Beschluss nach § 72 ist Rechtsbeschwerde zulässig, wenn

1. gegen den Betroffenen eine Geldbusse von mehr als zweihundertfünfzig Euro festgesetzt worden ist,
2. eine Nebenfolge angeordnet worden ist, es sei denn, dass es sich um eine Nebenfolge vermögensrechtlicher Art handelt, deren Wert im Urteil oder im Beschluss nach § 72 auf nicht mehr als zweihundertfünfzig Euro festgesetzt worden ist,
3. der Betroffene wegen einer Ordnungswidrigkeit freigesprochen oder das Verfahren eingestellt oder von der Verhängung eines Fahrverbotes abgesehen worden ist und wegen der Tat im Bussgeldbescheid oder Strafbefehl eine Geldbusse von mehr als sechshundert Euro festgesetzt, ein Fahrverbot verhängt oder eine solche Geldbusse oder ein Fahrverbot von der Staatsanwaltschaft beantragt worden war,
4. der Einspruch durch Urteil als unzulässig verworfen worden ist oder
5. durch Beschluss nach § 72 entschieden worden ist, obwohl der Beschwerdeführer diesem Verfahren rechtzeitig widersprochen hatte oder ihm in sonstiger Weise das rechtliche Gehör versagt wurde.

Gegen das Urteil ist die Rechtsbeschwerde ferner zulässig, wenn sie zugelassen wird (§ 80).

(2) Hat das Urteil oder der Beschluss nach § 72 mehrere Taten zum Gegenstand und sind die Voraussetzungen des Absatzes 1 Satz 1 Nr. 1 bis 3 oder Satz 2 nur hinsichtlich einzelner Taten gegeben, so ist die Rechtsbeschwerde nur insoweit zulässig.

(3) Für die Rechtsbeschwerde und das weitere Verfahren gelten, soweit dieses Gesetz nichts anderes bestimmt, die Vorschriften der Strafprozessordnung und des Gerichtsverfassungsgesetzes über die Revision entsprechend. § 342 der Strafprozessordnung gilt auch entsprechend für den Antrag auf Wiedereinsetzung in den vorigen Stand nach § 72 Abs. 2 Satz 2 Halbsatz 1.

(4) Die Frist für die Einlegung der Rechtsbeschwerde beginnt mit der Zustellung des Beschlusses nach § 72 oder des Urteils, wenn es in Abwesenheit des Beschwerdeführers verkündet und dieser dabei auch nicht nach § 73 Abs. 3 durch einen schriftlich bevollmächtigten Verteidiger vertreten worden ist.

(5) Das Beschwerdegericht entscheidet durch Beschluss. Richtet sich die Rechtsbeschwerde gegen ein Urteil, so kann das Beschwerdegericht auf Grund einer Hauptverhandlung durch Urteil entscheiden.

(6) Hebt das Beschwerdegericht die angefochtene Entscheidung auf, so kann es abweichend von § 354 der Strafprozessordnung in der Sache selbst entscheiden oder sie an das Amtsgericht, dessen Entscheidung aufgehoben wird, oder an ein anderes Amtsgericht desselben Landes zurückverweisen.

§ 81 Übergang vom Bussgeld- zum Strafverfahren

(1) Das Gericht ist im Bussgeldverfahren an die Beurteilung der Tat als Ordnungswidrigkeit nicht gebunden. Jedoch darf es auf Grund eines Strafgesetzes nur entscheiden, wenn der Betroffene zuvor auf die Veränderung des rechtlichen Gesichtspunktes hingewiesen und ihm Gelegenheit zur Verteidigung gegeben worden ist.

(2) Der Betroffene wird auf die Veränderung des rechtlichen Gesichtspunktes auf Antrag der Staatsanwaltschaft oder von Amts wegen hingewiesen. Mit diesem Hinweis erhält er die Rechtsstellung des Angeklagten. Die Verhandlung wird unterbrochen, wenn das Gericht es für erforderlich hält oder wenn der Angeklagte es beantragt. Über sein Recht, die Unterbrechung zu beantragen, wird der Angeklagte belehrt.

(3) In dem weiteren Verfahren sind die besonderen Vorschriften dieses Gesetzes nicht mehr anzuwenden. Jedoch kann die bisherige Beweisaufnahme, die in Anwesenheit des Betroffenen stattgefunden hat, auch dann verwertet werden, wenn sie nach diesen Vorschriften durchgeführt worden ist; dies gilt aber nicht für eine Beweisaufnahme nach den §§ 77a und 78 Abs. 1.

§ 130 Verletzung der Aufsichtspflicht in Betrieben und Unternehmen

(1) Wer als Inhaber eines Betriebes oder Unternehmens vorsätzlich oder fahrlässig die Aufsichtsmassnahmen unterlässt, die erforderlich sind, um in dem Betrieb oder Unternehmen Zuwiderhandlungen gegen Pflichten zu verhindern, die den Inhaber als solchen treffen und deren Verletzung mit Strafe oder Geldbusse bedroht ist, handelt ordnungswidrig, wenn eine solche Zuwiderhandlung begangen wird, die durch gehörige Aufsicht verhindert oder wesentlich erschwert worden wäre. Zu den erforderlichen Aufsichtsmassnahmen gehören auch die Bestellung, sorgfältige Auswahl und Überwachung von Aufsichtspersonen.

(2) Betrieb oder Unternehmen im Sinne des Absatzes 1 ist auch das öffentliche Unternehmen.

(3) Die Ordnungswidrigkeit kann, wenn die Pflichtverletzung mit Strafe bedroht ist, mit einer Geldbusse bis zu einer Million Euro geahndet werden. Ist die Pflichtverletzung mit Geldbusse bedroht, so bestimmt sich das Höchstmass der Geldbusse wegen der Aufsichtspflichtverletzung nach dem für die Pflichtverletzung angedrohten Höchstmass der Geldbusse. Satz 2 gilt auch im Falle einer Pflichtverletzung, die gleichzeitig mit Strafe und Geldbusse bedroht ist, wenn das für die Pflichtverletzung angedrohte Höchstmass der Geldbusse das Höchstmass nach Satz 1 übersteigt.

Fahrerlaubnis-Verordnung (FeV)

§ 3 Einschränkung und Entziehung der Zulassung

(1) Erweist sich jemand als ungeeignet oder nur noch bedingt geeignet zum Führen von Fahrzeugen oder Tieren, hat die Fahrerlaubnisbehörde ihm das Führen zu untersagen, zu beschränken oder die erforderlichen Auflagen anzuordnen.

(2) Rechtfertigen Tatsachen die Annahme, dass der Führer eines Fahrzeugs oder Tieres zum Führen ungeeignet oder nur noch bedingt geeignet ist, finden die Vorschriften der §§ 11 bis 14 entsprechend Anwendung.

§ 46 Entziehung, Beschränkung, Auflagen

(1) Erweist sich der Inhaber einer Fahrerlaubnis als ungeeignet zum Führen von Kraftfahrzeugen, hat ihm die Fahrerlaubnisbehörde die Fahrerlaubnis zu entziehen. Dies gilt insbesondere, wenn Erkrankungen oder Mängel nach den Anlagen 4, 5 oder 6 vorliegen oder erheblich oder wiederholt gegen verkehrsrechtliche Vorschriften oder Strafgesetze verstossen wurde und dadurch die Eignung zum Führen von Kraftfahrzeugen ausgeschlossen ist.

(2) Erweist sich der Inhaber einer Fahrerlaubnis noch als bedingt geeignet zum Führen von Kraftfahrzeugen, schränkt die Fahrerlaubnisbehörde die Fahrerlaubnis soweit wie notwendig ein oder ordnet die erforderlichen Auflagen an; die Anlagen 4, 5 und 6 sind zu berücksichtigen.

(3) Werden Tatsachen bekannt, die Bedenken begründen, dass der Inhaber einer Fahrerlaubnis zum Führen eines Kraftfahrzeugs ungeeignet oder bedingt geeignet ist, finden die §§ 11 bis 14 entsprechend Anwendung.

(4) Die Fahrerlaubnis ist auch zu entziehen, wenn der Inhaber sich als nicht befähigt zum Führen von Kraftfahrzeugen erweist. Rechtfertigen Tatsachen eine solche Annahme, kann die Fahrerlaubnisbehörde zur Vorbereitung der Entscheidung über die Entziehung die Beibringung eines Gutachtens eines amtlich anerkannten Sachverständigen oder Prüfers für den Kraftfahrzeugverkehr anordnen. § 11 Abs. 6 bis 8 ist entsprechend anzuwenden.

(5) Mit der Entziehung erlischt die Fahrerlaubnis. Bei einer ausländischen Fahrerlaubnis erlischt das Recht zum Führen von Kraftfahrzeugen im Inland.

§ 59 Speicherung der Daten im Verkehrszentralregister

(1) Im Verkehrszentralregister sind im Rahmen von § 28 Abs. 3 des Strassenverkehrsgesetzes folgende Daten zu speichern:

1. Familiennamen, Geburtsnamen, sonstige frühere Namen, soweit hierzu Eintragungen vorliegen, Vornamen, Ordens- oder Künstlernamen, Doktorgrad, Geschlecht, Tag und Ort der Geburt, Anschrift des Betroffenen, Staatsangehörigkeit, sowie Hinweise auf Zweifel an der Identität gemäss § 28 Abs. 5 des Strassenverkehrsgesetzes,
2. die entscheidende Stelle, der Tag der Entscheidung, die Geschäftsnummer oder das Aktenzeichen, die mitteilende Stelle und der Tag der Mitteilung,

3. Ort, Tag und Zeit der Tat, die Angabe, ob die Tat in Zusammenhang mit einem Verkehrsunfall steht, die Art der Verkehrsteilnahme sowie die Fahrzeugart,

4. der Tag des ersten Urteils oder bei einem Strafbefehl der Tag der Unterzeichnung durch den Richter sowie der Tag der Rechtskraft oder Unanfechtbarkeit, der Tag der Massnahme nach den §§ 94 und 111a der Strafprozessordnung,

5. Bei Entscheidungen wegen einer Straftat oder einer Ordnungswidrigkeit die rechtliche Bezeichnung der Tat unter Angabe der angewendeten Vorschriften, bei sonstigen Entscheidungen die Art, die Rechtsgrundlagen sowie bei verwaltungsbehördlichen Entscheidungen nach § 28 Abs. 3 Nr. 4, 5, 6, 8 und 10 des Strassenverkehrsgesetzes der Grund der Entscheidung,

6. die Haupt- und Nebenstrafen, die nach § 59 des Strafgesetzbuches vorbehaltene Strafe, das Absehen von Strafe, die Massregeln der Besserung und Sicherung, die Erziehungsmassregeln, die Zuchtmittel oder die Jugendstrafe, die Geldbusse und das Fahrverbot, auch bei Gesamtstrafenbildung für die einbezogene Entscheidung,

7. bei einer Entscheidung wegen einer Straftat oder einer Ordnungswidrigkeit die nach § 4 des Strassenverkehrsgesetzes in Verbindung mit § 40 dieser Verordnung vorgeschriebene Punktzahl und die entsprechende Kennziffer,

8. die Fahrerlaubnisdaten unter Angabe der Fahrerlaubnisnummer, der Art der Fahrerlaubnis, der Fahrerlaubnisklassen, der erteilenden Behörde und des Tages der Erteilung, soweit sie im Rahmen von Entscheidungen wegen Straftaten oder Ordnungswidrigkeiten dem Verkehrszentralregister mitgeteilt sind,

9. bei einer Versagung oder Entziehung der Fahrerlaubnis durch eine Fahrerlaubnisbehörde der Grund der Entscheidung und die entsprechende Kennziffer sowie den Tag des Ablaufs einer Sperrfrist,

10. bei einem Verzicht auf die Fahrerlaubnis der Tag des Zugangs der Verzichtserklärung bei der zuständigen Behörde,

11. bei einem Fahrverbot den Hinweis auf § 25 Abs. 2a Satz 1 des Strassenverkehrsgesetzes und der Tag des Fristablaufs sowie bei einem Verbot oder einer Beschränkung, ein fahrerlaubnisfreies Fahrzeug zu führen, der Tag des Ablaufs oder der Aufhebung der Massnahme,

12. bei der Teilnahme an einem Aufbauseminar oder einer verkehrspsychologischen Beratung die rechtliche Grundlage, der Tag der Beendigung des Aufbauseminars, der Tag der Ausstellung der Teilnahmebescheinigung und der Tag, an dem die Bescheinigung der Behörde vorgelegt wurde,

13. der Punktabzug auf Grund der Teilnahme an einem Aufbauseminar oder einer verkehrspsychologischen Beratung,

14. bei Massnahmen nach § 2a Abs. 2 Satz 1 Nr. 1 und 2 und § 4 Abs. 3 Satz 1 Nr. 1 und 2 des Strassenverkehrsgesetzes die Behörde, der Tag und die Art der Massnahme sowie die gesetzte Frist, die Geschäftsnummer oder das Aktenzeichen.

(2) Über Entscheidungen und Erklärungen im Rahmen des § 39 Abs. 2 des Fahrlehrergesetzes werden gespeichert:

1. die Angaben zur Person nach Absatz 1 Nr. 1 mit Ausnahme des Hinweises auf Zweifel an der Identität,

2. die Angaben zur Entscheidung nach Absatz 1 Nr. 2,

3. Ort und Tag der Tat,

4. der Tag der Unanfechtbarkeit, sofortigen Vollziehbarkeit oder Rechtskraft der Entscheidung, des Ruhens oder des Erlöschens der Fahrlehrerlaubnis oder Tag der Abgabe der Erklärung,

5. Angaben zur Entscheidung nach Absatz 1 Nr. 5,

6. die Höhe der Geldbusse,
7. die Angaben zur Fahrlehrerlaubnis in entsprechender Anwendung des Absatzes 1 Nr. 8,
8. bei einer Versagung der Fahrlehrerlaubnis der Grund der Entscheidung,
9. der Hinweis aus dem Zentralen Fahrerlaubnisregister bei Erteilung einer Fahrlehrerlaubnis nach vorangegangener Versagung, Rücknahme und vorangegangenem Widerruf.

(3) Enthält eine strafgerichtliche Entscheidung sowohl registerpflichtige als auch nicht registerpflichtige Teile, werden in Fällen der Tateinheit (§ 52 des Strafgesetzbuches) nur die registerpflichtigen Taten sowie die Folgen mit dem Hinweis aufgenommen, dass diese sich auch auf nicht registerpflichtige Taten beziehen. In Fällen der Tatmehrheit (§ 53 des Strafgesetzbuches und § 460 der Strafprozessordnung) sind die registerpflichtigen Taten mit ihren Einzelstrafen und einem Gesamtstrafenhinweis einzutragen, dass diese in einer Gesamtstrafe aufgegangen sind; ist auf eine einheitliche Jugendstrafe (§ 31 des Jugendgerichtsgesetzes) erkannt worden, wird nur die Verurteilung wegen der registerpflichtigen Straftaten, nicht aber die Höhe der Jugendstrafe eingetragen. Die Eintragung sonstiger Folgen bleibt unberührt.

(4) Enthält eine Entscheidung wegen einer Ordnungswidrigkeit sowohl registerpflichtige als auch nicht registerpflichtige Teile, werden in Fällen der Tateinheit (§ 19 des Gesetzes über Ordnungswidrigkeiten) nur die registerpflichtigen Taten sowie die Folgen mit dem Hinweis eingetragen, dass sich diese Geldbusse auch auf nicht registerpflichtige Taten bezieht; als registerpflichtige Teile sind auch die Ordnungswidrigkeiten nach den §§ 24 oder 24a des Strassenverkehrsgesetzes anzusehen, für die bei eigenständiger Begehung in der Regel nur ein Verwarnungsgeld zu erheben gewesen oder eine Geldbusse festgesetzt worden wäre, die die Registerpflicht nicht begründet hätte. In Fällen der Tatmehrheit (§ 20 des Gesetzes über Ordnungswidrigkeiten) sind nur die registerpflichtigen Teile einzutragen.

Strafgesetzbuch Deutschlands (StGB DE)

§ 3 Geltung für Inlandstaten

Das deutsche Strafrecht gilt für Taten, die im Inland begangen werden.

§ 4 Geltung für Taten auf deutschen Schiffen und Luftfahrzeugen

Das deutsche Strafrecht gilt, unabhängig vom Recht des Tatorts, für Taten, die auf einem Schiff oder in einem Luftfahrzeug begangen werden, das berechtigt ist, die Bundesflagge oder das Staatszugehörigkeitszeichen der Bundesrepublik Deutschland zu führen.

§ 7 Geltung für Auslandstaten in anderen Fällen

(1) Das deutsche Strafrecht gilt für Taten, die im Ausland gegen einen Deutschen begangen werden, wenn die Tat am Tatort mit Strafe bedroht ist oder der Tatort keiner Strafgewalt unterliegt.

(2) Für andere Taten, die im Ausland begangen werden, gilt das deutsche Strafrecht, wenn die Tat am Tatort mit Strafe bedroht ist oder der Tatort keiner Strafgewalt unterliegt und wenn der Täter

1. zur Zeit der Tat Deutscher war oder es nach der Tat geworden ist oder
2. zur Zeit der Tat Ausländer war, im Inland betroffen und, obwohl das Auslieferungsgesetz seine Auslieferung nach der Art der Tat zuliesse, nicht ausgeliefert wird, weil ein Auslieferungsersuchen innerhalb angemessener Frist nicht gestellt oder abgelehnt wird oder die Auslieferung nicht ausführbar ist.

§ 9 Ort der Tat

(1) Eine Tat ist an jedem Ort begangen, an dem der Täter gehandelt hat oder im Falle des Unterlassens hätte handeln müssen oder an dem der zum Tatbestand gehörende Erfolg eingetreten ist oder nach der Vorstellung des Täters eintreten sollte.

(2) Die Teilnahme ist sowohl an dem Ort begangen, an dem die Tat begangen ist, als auch an jedem Ort, an dem der Teilnehmer gehandelt hat oder im Falle des Unterlassens hätte handeln müssen oder an dem nach seiner Vorstellung die Tat begangen werden sollte. Hat der Teilnehmer an einer Auslandstat im Inland gehandelt, so gilt für die Teilnahme das deutsche Strafrecht, auch wenn die Tat nach dem Recht des Tatorts nicht mit Strafe bedroht ist.

§ 44 Fahrverbot

(1) Wird jemand wegen einer Straftat, die er bei oder im Zusammenhang mit dem Führen eines Kraftfahrzeugs oder unter Verletzung der Pflichten eines Kraftfahrzeugführers begangen hat, zu einer Freiheitsstrafe oder einer Geldstrafe verurteilt, so kann ihm das Gericht für die Dauer von einem Monat bis zu drei Monaten verbieten, im Strassenverkehr Kraftfahrzeuge jeder oder einer bestimmten Art zu führen. Ein Fahrverbot ist in der Regel anzuordnen, wenn in den Fällen einer Verurteilung nach § 315c Abs. 1 Nr. 1 Buchstabe a, Abs. 3 oder § 316 die Entziehung der Fahrerlaubnis nach § 69 unterbleibt.

(2) Das Fahrverbot wird mit der Rechtskraft des Urteils wirksam. Für seine Dauer werden von einer deutschen Behörde ausgestellte nationale und internationale Führerscheine amtlich verwahrt. Dies gilt auch, wenn der Führerschein von einer Behörde eines Mitgliedstaates der Europäischen Union oder eines anderen Vertragsstaates des Abkommens über den Europäischen Wirtschaftsraum ausgestellt worden ist, sofern der Inhaber seinen ordentlichen Wohnsitz im Inland hat. In anderen ausländischen Führerscheinen wird das Fahrverbot vermerkt.

(3) Ist ein Führerschein amtlich zu verwahren oder das Fahrverbot in einem ausländischen Führerschein zu vermerken, so wird die Verbotsfrist erst von dem Tage an gerechnet, an dem dies geschieht. In die Verbotsfrist wird die Zeit nicht eingerechnet, in welcher der Täter auf behördliche Anordnung in einer Anstalt verwahrt worden ist.

§ 51 Anrechnung

(1) Hat der Verurteilte aus Anlass einer Tat, die Gegenstand des Verfahrens ist oder gewesen ist, Untersuchungshaft oder eine andere Freiheitsentziehung erlitten, so wird sie auf zeitige Freiheitsstrafe und auf Geldstrafe angerechnet. Das Gericht kann jedoch anordnen, dass die Anrechnung ganz oder zum Teil unterbleibt, wenn sie im Hinblick auf das Verhalten des Verurteilten nach der Tat nicht gerechtfertigt ist.

(2) Wird eine rechtskräftig verhängte Strafe in einem späteren Verfahren durch eine andere Strafe ersetzt, so wird auf diese die frühere Strafe angerechnet, soweit sie vollstreckt oder durch Anrechnung erledigt ist.

(3) Ist der Verurteilte wegen derselben Tat im Ausland bestraft worden, so wird auf die neue Strafe die ausländische angerechnet, soweit sie vollstreckt ist. Für eine andere im Ausland erlittene Freiheitsentziehung gilt Absatz 1 entsprechend.

(4) Bei der Anrechnung von Geldstrafe oder auf Geldstrafe entspricht ein Tag Freiheitsentziehung einem Tagessatz. Wird eine ausländische Strafe oder Freiheitsentziehung angerechnet, so bestimmt das Gericht den Massstab nach seinem Ermessen.

(5) Für die Anrechnung der Dauer einer vorläufigen Entziehung der Fahrerlaubnis (§ 111a der Strafprozessordnung) auf das Fahrverbot nach § 44 gilt Absatz 1 entsprechend. In diesem Sinne steht der vorläufigen Entziehung der Fahrerlaubnis die Verwahrung, Sicherstellung oder Beschlagnahme des Führerscheins (§ 94 der Strafprozessordnung) gleich.

§ 56b Auflagen

(1) Das Gericht kann dem Verurteilten Auflagen erteilen, die der Genugtuung für das begangene Unrecht dienen. Dabei dürfen an den Verurteilten keine unzumutbaren Anforderungen gestellt werden.

(2) Das Gericht kann dem Verurteilten auferlegen,
1. nach Kräften den durch die Tat verursachten Schaden wiedergutzumachen,
2. einen Geldbetrag zugunsten einer gemeinnützigen Einrichtung zu zahlen, wenn dies im Hinblick auf die Tat und die Persönlichkeit des Täters angebracht ist,
3. sonst gemeinnützige Leistungen zu erbringen oder
4. einen Geldbetrag zugunsten der Staatskasse zu zahlen.

Eine Auflage nach Satz 1 Nr. 2 bis 4 soll das Gericht nur erteilen, soweit die Erfüllung der Auflage einer Wiedergutmachung des Schadens nicht entgegensteht.

(3) Erbietet sich der Verurteilte zu angemessenen Leistungen, die der Genugtuung für das begangene Unrecht dienen, so sieht das Gericht in der Regel von Auflagen vorläufig ab, wenn die Erfüllung des Anerbietens zu erwarten ist.

Strafprozessordnung Deutschlands (StPO DE)

§ 52 - Zeugnisverweigerung

(1) Zur Verweigerung des Zeugnisses sind berechtigt
1. der Verlobte des Beschuldigten oder die Person, mit der der Beschuldigte ein Versprechen eingegangen ist, eine Lebenspartnerschaft zu begründen;
2. der Ehegatte des Beschuldigten, auch wenn die Ehe nicht mehr besteht;
2a. der Lebenspartner des Beschuldigten, auch wenn die Lebenspartnerschaft nicht mehr besteht;
3. wer mit dem Beschuldigten in gerader Linie verwandt oder verschwägert, in der Seitenlinie bis zum dritten Grad verwandt oder bis zum zweiten Grad verschwägert ist oder war.

(2) Haben Minderjährige wegen mangelnder Verstandesreife oder haben Minderjährige oder Betreute wegen einer psychischen Krankheit oder einer geistigen oder seelischen Behinderung von der Bedeutung des Zeugnisverweigerungsrechts keine genügende Vorstellung, so dürfen sie nur vernommen werden, wenn sie zur Aussage bereit sind und auch ihr gesetzlicher Vertreter der Vernehmung zustimmt. Ist der gesetzliche Vertreter selbst Beschuldigter, so kann er über die Ausübung des Zeugnisverweigerungsrechts nicht entscheiden; das gleiche gilt für den nicht beschuldigten Elternteil, wenn die gesetzliche Vertretung beiden Eltern zusteht.

(3) Die zur Verweigerung des Zeugnisses berechtigten Personen, in den Fällen des Absatzes 2 auch deren zur Entscheidung über die Ausübung des Zeugnisverweigerungsrechts befugte Vertreter, sind vor jeder Vernehmung über ihr Recht zu belehren. Sie können den Verzicht auf dieses Recht auch während der Vernehmung widerrufen.

§ 55 - Aussageverweigerungsrecht

(1) Jeder Zeuge kann die Auskunft auf solche Fragen verweigern, deren Beantwortung ihm selbst oder einem der in § 52 Abs. 1 bezeichneten Angehörigen die Gefahr zuziehen würde, wegen einer Straftat oder einer Ordnungswidrigkeit verfolgt zu werden.

(2) Der Zeuge ist über sein Recht zur Verweigerung der Auskunft zu belehren.

§ 170 - Einstellung des Verfahrens

(1) Bieten die Ermittlungen genügenden Anlass zur Erhebung der öffentlichen Klage, so erhebt die Staatsanwaltschaft sie durch Einreichung einer Anklageschrift bei dem zuständigen Gericht.

(2) Andernfalls stellt die Staatsanwaltschaft das Verfahren ein. Hiervon setzt sie den Beschuldigten in Kenntnis, wenn er als solcher vernommen worden ist oder ein Haftbefehl gegen ihn erlassen war; dasselbe gilt, wenn er um einen Bescheid gebeten hat oder wenn ein besonderes Interesse an der Bekanntgabe ersichtlich ist.

§ 407 - Verfahren bei Strafbefehlen

(1) Im Verfahren vor dem Strafrichter und im Verfahren, das zur Zuständigkeit des Schöffengerichts gehört, können bei Vergehen auf schriftlichen Antrag der Staatsanwaltschaft die Rechtsfolgen der Tat durch schriftlichen Strafbefehl ohne Hauptverhandlung festgesetzt werden. Die Staatsanwaltschaft stellt diesen Antrag, wenn sie nach dem Ergebnis der Ermittlungen eine Hauptverhandlung nicht für erforderlich erachtet. Der Antrag ist auf bestimmte Rechtsfolgen zu richten. Durch ihn wird die öffentliche Klage erhoben.

(2) Durch Strafbefehl dürfen nur die folgenden Rechtsfolgen der Tat, allein oder nebeneinander, festgesetzt werden:

1. Geldstrafe, Verwarnung mit Strafvorbehalt, Fahrverbot, Verfall, Einziehung, Vernichtung, Unbrauchbarmachung, Bekanntgabe der Verurteilung und Geldbusse gegen eine juristische Person oder Personenvereinigung,
2. Entziehung der Fahrerlaubnis, bei der die Sperre nicht mehr als zwei Jahre beträgt, sowie

3. Absehen von Strafe.

Hat der Angeschuldigte einen Verteidiger, so kann auch Freiheitsstrafe bis zu einem Jahr festgesetzt werden, wenn deren Vollstreckung zur Bewährung ausgesetzt wird.

(3) Der vorherigen Anhörung des Angeschuldigten durch das Gericht (§ 33 Abs. 3) bedarf es nicht.

6.4. Internationale Verträge

Schweizerisch-deutscher Polizeivertrag

Art. 12 Zustellung von gerichtlichen und anderen behördlichen Schriftstücken

(1) Die zuständigen Stellen eines Vertragsstaates können im Rahmen der Verfolgung von Straftaten und Ordnungswidrigkeiten, für die im anderen Vertragsstaat die Leistung von Rechtshilfe zulässig ist, gerichtliche und andere behördliche Schriftstücke unmittelbar durch die Post an Personen übersenden, die sich auf dem Hoheitsgebiet des anderen Vertragsstaates aufhalten. Die Vertragsstaaten übermitteln sich wechselseitig eine Liste der behördlichen Schriftstücke, die auf diesem Wege übersandt werden dürfen.

(2) Schriftstücke oder zumindest deren wesentliche Passagen werden in der am Zustellungsort des Empfängers gesprochenen Amtssprache oder in der vom Empfänger gesprochenen Amtssprache der Vertragsstaaten abgefasst oder in eine dieser Amtssprachen übersetzt.

(3) Die Artikel 8, 9 und 12 des Europäischen Übereinkommens vom 20. April 1959[1] über die Rechtshilfe in Strafsachen gelten entsprechend für den Fall, dass die Vorladung durch die Post zugestellt worden ist.

Art. 34 Begriff der Zuwiderhandlungen gegen Vorschriften des Strassenverkehrs

Eine Zuwiderhandlung gegen Vorschriften des Strassenverkehrs im Sinne dieses Kapitels ist eine Verhaltensweise, die als Straftat oder als Verstoss gegen Ordnungsvorschriften des Strassenverkehrs betrachtet wird, einschliesslich der Verstösse gegen Vorschriften über Lenk- und Ruhezeiten und des Gefahrgutrechts.

Art. 35 Mitteilungen aus dem Fahrzeugregister, Nachermittlungen

(1) Daten aus zentralen Fahrzeugregistern über die tatsächlichen und rechtlichen Verhältnisse an Fahrzeugen (Fahrzeugdaten) und die personenbezogenen Daten über denjenigen, dem ein Kennzeichen für ein Fahrzeug zugeteilt oder ausgegeben wurde (Halteroder Eigentümerdaten) dürfen von den Vertragsstaaten auf Ersuchen übermittelt werden, soweit dies

a)   zur Verfolgung von Zuwiderhandlungen gegen Rechtsvorschriften auf dem Gebiet des Strassenverkehrs oder

b)   zur Verfolgung von Straftaten, die im Zusammenhang mit dem Strassenverkehr oder sonst mit Kraftfahrzeugen, Anhängern, Kennzeichen oder Fahrzeugpapieren, Fahrerlaubnissen oder Führerscheinen stehen,

erforderlich ist.

(2) Die ersuchende Behörde hat den Zweck nach Absatz 1 anzugeben, für den die zu übermittelnden Daten benötigt werden. Die übermittelten Daten dürfen vom Empfänger nur für den Zweck genutzt werden, zu dessen Erfüllung ihm die Daten übermittelt worden sind. Das Ersuchen darf sich nur auf ein bestimmtes Fahrzeug oder einen bestimmten Halter richten. Bei Ordnungswidrigkeiten nach deutschem Recht und Übertretungen nach schweizerischem Recht darf nur unter Verwendung von Fahrzeugdaten angefragt werden.

(3) Die zentralen Fahrzeugregisterbehörden dürfen für die Erledigung von Ersuchen, die unter Angabe von Fahrzeugkennzeichen – auch im Wege eines automatisierten Anfrage- und Auskunftsverfahrens – gestellt werden, die folgenden bei ihnen gespeicherten Daten bereithalten:

1.   Halterdaten:
    a)   bei natürlichen Personen: Familienname, Vornamen, Ordens- und Künstlername, Geburtsname, Tag und Ort der Geburt, Geschlecht und Anschrift;
    b)   bei juristischen Personen und Behörden: Name oder Bezeichnung und Anschrift oder
    c)   bei Vereinigungen: benannter Vertreter mit den Angaben zu a) und gegebenenfalls Name der Vereinigung;
2.   Fahrzeugdaten:
    a)   das Kennzeichen, die Antriebsart, der Hersteller des Fahrzeugs und die Fahrzeugidentifizierungsnummer,
    b)   der Tag des Ablaufs einer vorübergehenden Stilllegung,
    c)   der Tag des Ablaufs der Gültigkeit befristet zugeteilter Kennzeichen,
    d)   Betriebszeitraum bei Saisonkennzeichen oder Kontrollschildern der provisorischen Immatrikulation sowie
    e)   Hinweise auf Diebstahl oder sonstiges Abhandenkommen des Fahrzeugs oder des Kennzeichens.

(4) Die übermittelnde Behörde darf die Übermittlung nur zulassen, wenn die Anfrage unter Verwendung einer Kennung der zum Empfang dieser Daten berechtigten Behörde erfolgt. Der Empfänger hat sicherzustellen, dass die übermittelten Daten nur bei den zum Empfang bestimmten Endgeräten empfangen werden. Die übermittelnde Behörde hat durch ein selbständiges Verfahren zu gewährleisten, dass eine Übermittlung nicht vorgenommen wird, wenn die Kennung nicht oder unrichtig angegeben wurde. Sie hat versuchte Anfragen ohne oder mit fehlerhafter Kennung zu protokollieren und im Zusammenwirken mit der anfragenden Behörde Fehlver- suchen nachzugehen.

(5) Die übermittelnde Behörde hat Aufzeichnungen zu führen, die die für die Anfrage verwendeten Daten, die übermittelten Daten, den Zeitpunkt der Übermittlung, den Empfänger der Daten und den vom Empfänger angegebenen Zweck nach Absatz 1 enthalten. Die protokollierten Daten dürfen nur für Zwecke der Datenschutzkontrolle, insbesondere der Kontrolle der Rechtmässigkeit und Richtigkeit der Übermittlungen verwendet werden. Sie sind in geeigneter Weise gegen zweckfremde Verwendung und gegen sonstigen Missbrauch zu schützen und spätestens nach sechs Monaten zu löschen. In entsprechender

Anwendung des Satzes 1 stellt der empfangende Vertragsstaat sicher, dass auch die Übermittlung an oder der automatisierte Abruf durch die örtlich zuständige Behörde von der zentralen Registerbehörde protokolliert wird.

(6) Der übermittelnde Vertragsstaat ist verpflichtet, auf die Richtigkeit der personenbezogenen Daten zu achten. Erweist sich, dass unrichtige Daten oder Daten, die nicht hätten übermittelt werden dürfen, übermittelt worden sind, ist dies dem empfangenen Vertragsstaat unverzüglich mitzuteilen. Dieser ist verpflichtet, die Berichtigung oder Vernichtung vorzunehmen oder zu vermerken, dass die Daten unrichtig sind oder unrechtmässig übermittelt wurden. Das Recht des Betroffenen, über die zu seiner Person übermittelten und gespeicherten Daten Auskunft zu erhalten, richtet sich nach dem nationalen Recht des Vertragsstaates, in dessen Hoheitsgebiet das Auskunftsrecht beansprucht wird. Die Auskunftserteilung an den Betroffenen unterbleibt, wenn dies zur Durchführung einer rechtmässigen Aufgabe im Zusammenhang mit den in Absatz 1 genannten Zwecken unerlässlich ist. Die übermittelten Daten werden nicht länger als für den verfolgten Zweck erforderlich vom empfangenden Vertragsstaat gespeichert. Prüf- und Löschungsfristen bestimmen sich nach Massgabe des nationalen Rechts.

(7) Jeder Vertragsstaat hat für die Übermittlung von personenbezogenen Daten besondere Vorkehrungen zur Datensicherung zu treffen. Insbesondere ist sicherzustellen, dass

– Datenträger nicht unbefugt gelesen, kopiert, verändert oder entfernt werden können,
– automatisierte Datenverarbeitungssysteme mit Hilfe von Einrichtungen zur Datenübertragung nicht von Unbefugten genutzt werden können und
– gewährleistet ist, dass die zur Benutzung eines automatisierten Datenverarbeitungssystems Berechtigten ausschliesslich auf die ihrer Zugriffsberechtigung unterliegenden Daten zugreifen können.

Die Vertragsstaaten ergreifen zudem Massnahmen, um zu verhindern, dass bei der Übertragung personenbezogener Daten sowie bei einem Transport von Datenträgern die Daten unbefugt gelesen, kopiert, verändert oder gelöscht werden können.

(8) Einzelheiten über Anfragearten und über den Auskunftsumfang nach Absatz 3 Nummer 1 und 2 sind einer technischen Vereinbarung zwischen den zentralen Registerbehörden vorbehalten.

(9) Wenn die zuständige Verfolgungsbehörde des ersuchenden Vertragsstaates für die in Absatz 1 genannten Zwecke weitere Informationen benötigt, kann sie die zuständige Stelle des ersuchten Vertragsstaates unmittelbar um Unterstützung ersuchen.

Art. 37 Vollstreckungshilfeersuchen, Voraussetzungen

(1) Auf Ersuchen leisten die Vertragsstaaten einander Vollstreckungshilfe bei Entscheidungen, mit denen das zuständige Gericht oder die zuständige Verwaltungsbehörde eines der Vertragsstaaten eine Zuwiderhandlung gegen Vorschriften des Strassenverkehrs feststellt und deswegen eine Sanktion verhängt, wenn folgende Voraussetzungen vorliegen:

a) Die verhängte Sanktion beträgt mindestens 40 EURO oder 70 Schweizer Franken;
b) dem Betroffenen wurde ausreichend rechtliches Gehör gewährt;
c) gegen die Entscheidung konnten Rechtsmittel eingelegt werden;
d) das Ersuchen beschränkt sich auf die Vollstreckung eines Geldbetrages;
e) die Entscheidung ist nach dem Recht des ersuchenden Staates vollstreckbar und nicht verjährt;
f) die zuständigen Behörden des ersuchenden Vertragsstaates haben die betroffene Person erfolglos ersucht, die verhängte Sanktion zu entrichten;
g) die betroffene Person hat im Hoheitsgebiet des ersuchten Vertragsstaates ihren Wohnsitz oder Aufenthalt.

(2) Als Folge eines Ersuchens auf Vornahme der Vollstreckung kann der ersuchende Vertragsstaat die Vollstreckung erst dann wieder vornehmen, wenn der ersuchte Vertragsstaat mitgeteilt hat, dass das Ersuchen abgelehnt wird oder es ihm nicht möglich ist, die Vollstreckung vorzunehmen.

(3) Ersuchen und alle sich daraus ergebenden Mitteilungen werden schriftlich unmittelbar zwischen den für die Vollstreckung zuständigen Behörden der Vertragsstaaten übermittelt. Das gilt auch, wenn es sich um die Entscheidung eines Gerichts handelt. Zulässig ist jedes geeignete Nachrichtenmittel, das schriftliche Aufzeichnungen hinterlässt, einschliesslich Fernkopie. Dem Ersuchen wird eine Kopie der Entscheidung sowie eine Erklärung der ersuchenden Behörde beigelegt, die bestätigt, dass die nach Absatz 1 Buchstabe b bis f genannten Voraussetzungen vorliegen. Die ersuchende Partei kann weitere Mitteilungen beilegen, die im Hinblick auf die Übernahme der Vollstreckung relevant sind, insbesondere Informationen zu besonderen Umständen der Zuwiderhandlung, wie die Begehungsart, die bei der Festsetzung der geldlichen Sanktion berücksichtigt wurde, sowie den Wortlaut der angewandten Rechtsvorschriften.

(4) Vollstreckungshilfe wird nicht gewährt:

a) bei einer Entscheidung, die eine Freiheitsstrafe als Hauptstrafe umfasst,
b) bei Zuwiderhandlungen gegen Vorschriften des Strassenverkehrs, die mit Straftaten zusammentreffen, welche sich nicht nur auf den Bereich des Strassenverkehrs beziehen, es sei denn, die Zuwiderhandlungen gegen Vorschriften des Strassenverkehrs werden gesondert oder ausschliesslich verfolgt.

Art. 38 Ablehnungsgründe, Mitteilungspflichten, Umfang und Beendigung der Vollstreckung

(1) Die Erledigung des Ersuchens um Vollstreckung kann verweigert werden, wenn die

a) der Entscheidung zugrundeliegende Zuwiderhandlung nach dem Recht des ersuchten Vertragsstaates nicht als Zuwiderhandlung geahndet werden kann,
b) die Erledigung des Ersuchens gegen den Grundsatz *ne bis in idem* verstösst,
c) Vollstreckungsverjährung nach dem Recht des ersuchten Vertragsstaates eingetreten ist.

(2) Über die Ablehnung von Ersuchen ist dem ersuchenden Vertragsstaat unter Angabe der Gründe Mitteilung zu machen.

104

(3) Bereits vollstreckte Teile der Sanktion sind nicht zu vollstrecken. Der ersuchte Vertragsstaat beendet die Vollstreckung, sobald er von dem ersuchenden Vertragsstaat von Umständen in Kenntnis gesetzt wurde, aufgrund deren die Vollstreckbarkeit gehemmt wird oder erlischt.

Art. 39 Unmittelbarkeit der Vollstreckung, Umrechnung, Zwangsmittel

(1) Entscheidungen werden von den zuständigen Behörden des ersuchten Vertragsstaates unmittelbar und in dessen Währung vollstreckt. Für die Umrechnung massgebend ist der zum Zeitpunkt der Entscheidung geltende amtliche Devisenkurs. Falls sich bei der Umrechnung herausstellt, dass die verhängte geldliche Sanktion das Höchstmass der nach dem Recht des ersuchten Vertragsstaates für eine Zuwiderhandlung derselben Art gegen Vorschriften des Verkehrs angedrohten geldlichen Sanktion überschreitet, wird die Vollstreckung der Entscheidung auf dieses Höchstmass beschränkt.

(2) Auf die Vollstreckung einer Entscheidung findet das Recht des ersuchten Vertragsstaates Anwendung. Erweist sich die Vollstreckung als ganz oder teilweise unmöglich, so kann in dem ersuchten Vertragsstaat Ersatzfreiheitsstrafe oder Erzwingungshaft angeordnet werden.

(3) Die Vertragsstaaten behalten sich für die Vollstreckung eine Exequaturentscheidung wie folgt vor:

– die Bundesrepublik Deutschland bei Zuwiderhandlungen, die nach ihrem Recht Straftaten wären;
– die Schweizerische Eidgenossenschaft bei Zuwiderhandlungen, die nach ihrem Recht Vergehen wären.

Art. 40 Kosten

Kosten aufgrund von Massnahmen nach diesem Kapitel werden dem ersuchenden Vertragsstaat nicht in Rechnung gestellt; der Erlös aus der Vollstreckung und die in der Entscheidung festgesetzten Kosten fliessen dem ersuchten Vertragsstaat zu.

Art. 41 Zuständige Behörden

Die Vertragsstaaten tauschen Listen aus, in denen benannt werden:

a) die jeweilige zentrale Registerbehörde,
b) die für Nachermittlungen (Artikel 35 Absatz 9) zuständigen Behörden,
c) die für die Vollstreckung (Artikel 37 Absatz 3) zuständigen Behörden,
d) jeweils eine Stelle, die im Falle von Unklarheiten über die Zuständigkeit hilfsweise die Weiterleitung der Ersuchen übernimmt.

Der Austausch der Listen findet zwischen dem zuständigen deutschen Bundesministerium und dem zuständigen eidgenössischen Bundesamt statt.

Art. 50 Inkraftsetzen, Kündigung

(1) Dieser Vertrag bedarf der Ratifikation. Die Ratifikationsurkunden werden so bald wie möglich ausgetauscht. Der Vertrag tritt – mit Ausnahme von Artikel 6 und 8 Absatz 2 sowie von Kapitel VI – am ersten Tag des zweiten Monats nach Austausch der Ratifikationsurkunden in Kraft. Ab diesem Zeitpunkt wird Artikel 35 Absätze 2 bis 7 vorläufig angewendet. Artikel 6 und 8 Absatz 2 sowie Kapitel VI einschliesslich dessen Artikel 35 treten zu Zeitpunkten in Kraft, die die Vertragsstaaten durch Notenwechsel vereinbaren.

(2) Dieser Vertrag wird auf unbestimmte Zeit geschlossen. Er kann von jedem Vertragsstaat auf diplomatischem Wege schriftlich gekündigt werden, er tritt sechs Monate nach Erhalt der Kündigung ausser Kraft.

(3) Die Registrierung des Vertrags beim Generalsekretariat der Vereinten Nationen nach Artikel 102 der Charta der Vereinten Nationen wird von deutscher Seite wahrgenommen.

Geschehen zu Bern am 27. April 1999 in zwei Urschriften in deutscher Sprache.

Europäische Menschenrechtskonvention (EMRK)

Art. 6 - Recht auf ein faires Verfahren

(1) Jede Person hat ein Recht darauf, dass über Streitigkeiten in Bezug auf ihre zivilrechtlichen Ansprüche und Verpflichtungen oder über eine gegen sie erhobene strafrechtliche Anklage von einem unabhängigen und unparteiischen, auf Gesetz beruhenden Gericht in einem fairen Verfahren, öffentlich und innerhalb angemessener Frist verhandelt wird. Das Urteil muss öffentlich verkündet werden; Presse und Öffentlichkeit können jedoch während des ganzen oder eines Teiles des Verfahrens ausgeschlossen werden, wenn dies im Interesse der Moral, der öffentlichen Ordnung oder der nationalen Sicherheit in einer demokratischen Gesellschaft liegt, wenn die Interessen von Jugendlichen oder der Schutz des Privatlebens der Prozessparteien es verlangen oder – soweit das Gericht es für unbedingt erforderlich hält – wenn unter besonderen Umständen eine öffentliche Verhandlung die Interessen der Rechtspflege beeinträchtigen würde.

(2) Jede Person, die einer Straftat angeklagt ist, gilt bis zum gesetzlichen Beweis ihrer Schuld als unschuldig.

(3) Jede angeklagte Person hat mindestens folgende Rechte:

a) innerhalb möglichst kurzer Frist in einer ihr verständlichen Sprache in allen Einzelheiten über Art und Grund der gegen sie erhobenen Beschuldigung unterrichtet zu werden;

b) ausreichende Zeit und Gelegenheit zur Vorbereitung ihrer Verteidigung zu haben;

c) sich selbst zu verteidigen, sich durch einen Verteidiger ihrer Wahl verteidigen zu lassen oder, falls ihr die Mittel zur Bezahlung fehlen, unentgeltlich den Beistand eines Verteidigers zu erhalten, wenn dies im Interesse der Rechtspflege erforderlich ist;

d) Fragen an Belastungszeugen zu stellen oder stellen zu lassen und die Ladung und Vernehmung von Entlastungszeugen unter denselben Bedingungen zu erwirken, wie sie für Belastungszeugen gelten;

e)   unentgeltliche Unterstützung durch einen Dolmetscher zu erhalten, wenn sie die Verhandlungssprache des Gerichts nicht versteht oder spricht.

Art. 8 - Recht auf Achtung des Privat- und Familienlebens

(1) Jede Person hat das Recht auf Achtung ihres Privat- und Familienlebens, ihrer Wohnung und ihrer Korrespondenz.

(2) Eine Behörde darf in die Ausübung dieses Rechts nur eingreifen, soweit der Eingriff gesetzlich vorgesehen und in einer demokratischen Gesellschaft notwendig ist für die nationale oder öffentliche Sicherheit, für das wirtschaftliche Wohl des Landes, zur Aufrechterhaltung der Ordnung, zur Verhütung von Straftaten, zum Schutz der Gesundheit oder der Moral oder zum Schutz der Rechte und Freiheiten anderer.

Schengener Durchführungsübereinkommen (SDÜ)

Artikel 54 – Verbot der Doppelbestrafung

Wer durch eine Vertragspartei rechtskräftig abgeurteilt worden ist, darf durch eine andere Vertragspartei wegen derselben Tat nicht verfolgt werden, vorausgesetzt, dass im Fall einer Verurteilung die Sanktion bereits vollstreckt worden ist, gerade vollstreckt wird oder nach dem Recht des Urteilsstaats nicht mehr vollstreckt werden kann.

107

7. Stichwortverzeichnis

Centaurus   Aktuell

The manufacturer's authorised representative in the EU is Springer
Nature Customer Service Centre GmbH, Europaplatz 3, 69115 Heidelberg,
Germany. If you have any concerns regarding our products, please
contact ProductSafety@springernature.com

Printed and bound by CPI Group (UK) Ltd, Croydon, CR0 4YY
28/04/2026
02098536-0003